弘扬
教育家精神

新时代教师教育情怀研究

程翠萍　陈苗苗　著

上海人民出版社

重庆市高等教育教学改革研究重点项目

"师范生教育家精神养成体系构建与实践探索"（242089）

重庆市高等教育教学改革研究"本科教学成果培育揭榜挂帅"项目

"师范院校以教育家精神引领培养'四有'好老师的研究与实践"

重庆市自然科学基金面上项目

"中小学教师教育情怀的测评系统构建与开发研究"（CSTB2022NSCQ-MSX0981）

目　录

前　言

　　强国必先强教，强教需先强师，强师重在铸魂。2023 年 9 月 9 日，习近平总书记致信全国优秀教师代表时强调要"大力弘扬教育家精神"，首次提出并深刻阐释了中国特有教育家精神的时代内涵，即"心有大我、至诚报国的理想信念，言为士则、行为世范的道德情操，启智润心、因材施教的育人智慧，勤学笃行、求是创新的躬耕态度，乐教爱生、甘于奉献的仁爱之心，胸怀天下、以文化人的弘道追求"。教育家精神成为新时代教师职业精神的凝练与升华，其中涵养"仁爱为师"的教育情怀是弘扬教育家精神的题中应有之义。特别是生成式人工智能技术引领新一轮科技进步，未来将会是教师与人工智能协同共创的教育新生态，深厚的教育情怀成为新时代教师应有的独特优势。那么，新时代教师的教育情怀与西方教师情感、古人的教育情怀有何不同？教育情怀由哪些具体成分构成？教育情怀能不能量化？如何评价教育情怀？教育情怀形成需要经历哪些阶段？不同形成阶段的教育情怀有哪些特点？教育情怀受哪些因素影响？怎样提升教师的教育情怀水平？本书的写作主要源自对这一系列问题的思考。

　　本书采用质性和量化混合的研究方法，兼具人文性与科学性地探究了新时代教师的教育情怀。第一章系统梳理了中国关于教师教育情怀的研究脉络以及西方关于教师教育情感的研究成果；第二章运用开放式调查、深度访谈、文本分析探索了新时代教师教育情怀的结构指标，并在此基础上设计了新时代教师教育情怀评价工具；第三章通过访谈、个案分析、叙事分析、问卷调查等多种研究方法，证实了新时代教师教育情怀的内部和外在影响因素；第四章既探讨了职前教师的教育情怀养成策略体系，也提炼了在职教师教育情怀的提升路径。

　　本书比较适合广大教育学和心理学研究者、不同学段的在职教师、教育管理工作者、未来教师等群体研读，通俗的文字、科学的数据、严谨的论证、多样的方法、形象的图表，可帮助这些读者对新时代教师教育情怀的评价指标、影响因素、涵养策略形成更加全面、深入的认识。

第一章 教师教育情怀研究概述

《中共中央、国务院关于全面深化新时代教师队伍建设改革的意见》(中发〔2018〕4号)和《教育部关于实施卓越教师培养计划2.0的意见》(教师〔2018〕13号)明确要求,我国要培养造就一批"教育情怀深厚"的新时代教师。教育情怀是新时代教师队伍建设的中国理念,这一理念不仅具有丰富的中国传统文化底蕴,也是当前教育研究领域炙手可热的新兴议题。

第一节 中国关于教师教育情怀的研究

国内学界对于教育情怀的研究由来已久,以孔子为代表的古代先贤对"教育情怀"有独特的解读,现代学者对这一领域的研究可追溯到"师爱"和"教师情感"领域,新近研究更多使用教育情怀这一概念。由于教学技术理性主义倾向将认知或知识的权重不断放大,这导致德行、情感的权重越来越小,教师的教育情怀几乎是一个被搁置的主题。随着课程思政理念以及师范类专业认证工作的推进,被忽视已久的教育情怀在研究与实践中重新获得关注。

一、古代先贤关于教师教育情怀的解读

1. 先秦儒家对教育情怀的解读

作为万世师表的孔子，把"仁者爱人"的教育情怀倾注在其执教生涯。比如《论语·宪问》中提到"爱之，能勿劳乎？忠焉，能勿诲乎？"，还有《论语·先进》中描述"颜渊死，子曰：'噫！天丧予！天丧予！'"，都说明孔子对学生怀着深厚的感情。孟子以"得天下英才而教育之"（《孟子·尽心上》）为君子三乐之一，可见其对教育工作抱有的积极感情。荀子认为"尊严而惮，可以为师；耆艾而信，可以为师；诵说而不陵不犯，可以为师；知微而论，可以为师"（《荀子·致士》），提示成为一名教师不仅要能传授知识技能，还应有崇高的尊严和情怀。

2. 汉唐先贤对教育情怀的解读

后续历代先贤对教育情怀也有重要解读，如西汉董仲舒宣扬"以仁安人，以义正我"（《春秋繁露·仁义法》），他要求以"仁"的情怀去爱护、关心他人，同时要以"义"来约束自己，体现了一种自律博爱的情怀。唐代韩愈主张教师的角色是"传道、授业、解惑"（《师说》），说明教师不仅仅是知识的传授者，更是学生品德和智慧的引导者，彰显了教师的育人情怀。另一位唐代思想家柳宗元倡导"爱加于生徒"（《唐宋文醇·卷十八》）是教师的一种美德和情怀，其视学生如子侄，这种情怀是调节师生关系、感化学生的重要力量。

3. 宋后先贤对教育情怀的解读

宋元时期的一些先贤也对教育情怀有所描述，例如宋代理学大师张载对自己教育学生现状的表述为"敝衣疏食，与诸生讲学……卒，贫无以敛"，可见其切身践行着教师的教育情怀。明

末清初思想家王夫之隐居在"良禽过而不栖"的荒山野岭中授徒讲学，他与弟子们"昼共食蕨，夜共燃藜"，这些描述将王先生的教育情怀表现得淋漓尽致。

二、现代学者关于教师教育情怀的研究

在西方教育情感研究成果正式引入中国之前，本土学者已经结合教育实践从事了一些有关"师爱"的研究，这些研究从哲学思辨的视角初步探讨了师爱的内涵、性质和功能。

（一）早期"师爱"的相关研究

1."师爱"的内涵界定

师爱，也称"教育爱"，表现为教师对教育事业的热爱。张良才（1999）将师爱视为一种师德，"人师"与"经师"的分水岭，起源于中国传统文化种教育家"学而不厌，诲人不倦"的教学态度、"有教无类"的教育对象、"尽人之材"的教育目标、"以身立教"的教育方式、"教学相长"的师生关系。又如，研究者主张"师爱"是教师在教育工作过程中所表现出来的一种对学生的关心、热爱、尊重及严格要求等行为的总称（杨文领，2010）。

2."师爱"的性质描述

在性质上，师爱是一种只讲付出不计回报的、无私的、广泛且没有血缘关系的爱，其具有职业性、服务性、广泛性和原则性（蒋乃平，2007）。也有研究者进一步将"师爱"的本性理解成使孩子臻向至善以及使孩子的人格有所提升的意向性行为（朱晓宏，2009）。还有研究者主张"师爱"是教师的复合价值品质，具有一定的发生秩序，这种爱是具有深刻的社会内容的高级情感的表现，绝不是教师自然、天性的本能表现（魏宏聚，2013）。此外，"师爱"仍被认为是在人性爱、自然爱的基础上发展起来的

社会爱、职业爱，本质上是一种给予式的积极情感（郑欢，钱飞，陈宁，2016）。

3."师爱"的功能作用

"师爱"对于学生成长和教师发展的作用是无形而深刻的。就像杨福章（2007）概括的，师爱对学生成长具有激励、感化、引动、调节等心理功能，并直言这种爱是教师实施成功教育的必要前提。宗序亚（2014）则指出教师只有营造爱的文化，才能形成不经行政推动而自发传播的力量，伴随学生身心的健康成长。王超（2014）研究发现，"师爱"是一种高贵的善意"谎言"，能帮助教师对学生表达尊重与理解，是教育通往成功的桥梁。

（二）近期关于教师教育情怀的研究

随着《普通高等学校师范类专业认证实施办法（暂行）》（教师〔2017〕13号）的发布，教育部正式启动普通高等学校师范类专业认证工作，教育情怀被定为高校师范生必须达到的毕业要求之一。而且《教师教育行动振兴计划（2018—2022）》（教师〔2018〕2号）制定了"师德养成教育全面推进行动"，将师德情怀养成教育贯穿于教师教育全过程。最近，《高等学校课程思政建设指导纲要》（教高〔2020〕3号）明确要求引导学生树立学为人师、行为世范的职业理想，培养学生传道情怀、授业底蕴、解惑能力。因此，教育情怀在经历了"师爱"的前期积淀后，逐渐成为教师教育研究领域的一个新兴议题。为数不多的教育情怀研究成果均是近几年所获，大致是围绕教育情怀的内涵阐释、典型表现、功能价值、培育困境与策略四大领域开展的质性探讨。

1.教师教育情怀的内涵界定研究

先前学者关于教师教育情怀的内涵描述大致有三种观点，分别为内在情愫说、精神动力说、人文情怀说。

（1）内在情愫说

关于教育情怀的内涵界定研究中，最具代表性的是内在情愫说。内在情愫说将教育情怀视为教师内心的一种情感。比如，高汝伟（2018）认为教育情怀是教师心灵深处潜藏着的一种对教育的情愫，体现为对教育的认同、热爱、义务和责任及其职业自尊、自信和自豪感。又如，教育情怀是教师对教育持久而稳定的关切和喜爱之情，表现为乐于从教的态度以及享受教育生活的独特能力（陈太忠，皮武，2021）。

（2）精神动力说

精神动力说认为教育情怀是驱动教师发展的精神动力。比如，韩延伦和刘若谷（2018）界定教育情怀是教师内心执念于教书育人的精神叙事，表现为对教师身份的尊重和崇敬，教师生命价值的自觉维护，幸福生活方式的自主选择，教师自我修养自觉、专业提升自觉等。类似地，教育情怀是教师专业成长的动力机制和专业发展的情感向心力，体现了教师对于教育的理解、热爱、忠诚和信念程度（刘炎欣，罗昱，2019）。

（3）人文情怀说

持人文情怀说的研究者则主张教师的教育情怀是一种人文情怀。如刘庆昌（2017）把教育情怀理解为人文情怀在教育追求中的具体表现，是能够反映教育价值追求和能够释放教育人文气韵的一系列情感和行动倾向。教育情怀表现为对社会、学生和自身的情感态度和包容胸怀，涉及师德伦理、人文精神和自我关怀三方面（肖凤翔，张明雪，2018）。

2. 教师教育情怀的功能价值研究

（1）克服教育教学困难

已有研究发现教师教育情怀的价值之一是支持教师克服教育

教学工作的各类困难。如，沈伟、王娟和孙天慈（2020）通过对四个典型案例的焦点小组访谈，结果表明教育情怀是乡村教师坚守逆境的重要动力，进一步成为他们内心精神家园的守望。另一项研究发现教育情怀深厚的徐特立先生不管在多么艰苦的环境下，都不放弃自己的教育事业，反而更加坚定自己的教育信念（孙刚成，拓丹丹，2018）。还有研究者针对特殊教育专业的师范生研究表明，教育情怀有助于克服未来从教生涯中的职业倦怠，缓解工作带来的心理压力以及产生的失败感和挫折感（王波，鞠克亮，2020）。

（2）提升教师职业幸福感

不仅如此，研究显示教师教育情怀的另一个功能是提升职业幸福感、认同感和成就感。比如，李赐平和庞晓晓（2021）认为教育情怀是提升乡村教师职业幸福感的特殊力量，乡村教师的职业幸福感正是源于乡村教师对乡村教育的认同与热爱，从平凡的教育岗位中收获感动与快乐。吴宗劲和王静（2024）提出教师的情怀能够为教师胜任复杂的教学工作注入精神动力，促使教师以饱满的激情直面教学的复杂性和不确定性，增强教师从事教书育人事业的成就感。

（3）促进教师专业发展

此外，还有研究指出教育情怀具有促进教师专业发展的功能。正如行冬梅和方婧（2018）主张教育情怀是教师专业发展的根基，它会渗透到教师的职业生涯乃至整个生命历程中，直接影响教师内在品质的塑造结果。刘丹（2018）认为积极的教师情感是塑造教师人格魅力的自驱力，教师的教育情怀是促进教师专业发展的原动力，是丰盈学生身心成长的沃土。

3. 教师教育情怀的典型个案研究

（1）已故教育家个案分析

以往有一批研究者通过分析典型教育家的个性化生命成长

史，试图窥探教师教育情怀的具体表现。典型个案描述如研究者通过回顾教育家斯霞、霍懋征一生的教育实践，分析其所拥有的超越世俗之教育情怀（魏宏聚，2013）。又如研究者阐释了延安时期教育名家徐特立的教育情怀，这种情怀正是源自他心灵深处的纯粹之爱——对知识的渴求、对国家兴亡的忧虑、对人民疾苦的痛心（孙刚成，拓丹丹，2018）。还有研究通过描述张敷荣、傅任敢、王承绪等几十位新中国教育学家的思想轮廓、人格肖像和学术追求，生动刻画出老一辈教育学家的学术精神和教育情怀（石中英，朱珊，2019）。最近研究者董泽芳（2023）通过品读《回归大学之道——章开沅口述史》一书，提炼出章开沅先生的教育情怀表现为爱满天下的教育人生目标、求真务实的教育价值追求、以人为本的教育思想理念、守正创新的教育改革精神。还有研究分析了教育家陶行知及其弟子坚守乡村的教育情怀，发现其具有教育救国的政治抱负、乡村改造的教育信仰和心系农民的平民情感等内涵特征（张珍珍，2024）。

（2）近期教育家个案分析

除了已故教育家的教育情怀，也有研究通过深度访谈，剖析了仍奋战在教育一线，曾荣获"全国教育系统职业道德建设标兵"的幼儿园园长廖斯婧的教育情怀（廖斯婧，张威，谢镒逊，2020）。还有一些研究根据张桂梅、于漪、魏书生等教育家的真实教育事迹，分析了这些个体的教育情怀具体表现。倪闽景（2021）指出张桂梅的教育情怀最核心的表现就是坚守住了以人民为中心的办学理念，为山里女孩的教育事业贡献了一生。人民教育家于漪的教育情怀主要表现为热爱教育事业，在教育实践中秉持高度自觉的使命和信仰；长期躬耕于中学语文教学事业，在教育实践中凝练升华了博大精深的教育教学观；投身教学的改革和创新，在退休后仍奋战在课程改革的前沿（王晋，冯柯梦，2024）。

4. 教师教育情怀的培育困境与策略研究

（1）教师教育情怀的培育困境研究

近几年学界对在职教师教育情怀培育存在的实际困难进行了比较准确的分析，主要集中在职前培养和职后提升两个维度。一方面，关注教师职前培养阶段的研究者认为，地方公费师范生乡土情怀培育中存在着乡土情怀培育意识薄弱、课程教学内容缺乏乡土文化元素、校园文化缺乏乡土性、教育实践培养机制缺乏科学性等问题（翟宇君，2024）。也有研究者指出地方师范院校在培养师范生的教育情怀过程中，存在服务乡村办学定位表述含糊、人才培养目标针对性缺席、培养课程乡土知识缺失、乡村教学实践指导不足，师范生乡村教育情怀悬浮，扎根乡村教育的思想根基不牢等困境（马永全，钟淑敏，2024）。还有研究指明目前师范院校培育优师专项师范生乡村教育情怀中面临着观念困境、课程困境和实践困境（马多秀，江敏锐，2023）。

另一方面，针对教师教育情怀职后提升困境的研究相对较少。在这些少量研究中，有研究者认为当前乡村教师的教育情怀培育面临着"教育之知"的去情境化、"教育之责"的式微与"教育之爱"的迷失之困等艰难境地（刘万海，李倩，2024）。另一项关于乡村教师教育情怀的研究发现，部分乡村教师存在乡恋意识与扎根心理不足、关怀热爱学生不够、对乡村教育缺乏理解与信心、少有淡泊超脱的精神追求等问题，给提升在职教师的教育情怀工作带来了较大的阻碍（李赐平，庞晓晓，2021）。

（2）教师教育情怀的培育策略研究

与职前教师教育情怀培养困境相对应，研究者还探讨了师范生教育情怀的培养策略。如吴晓赣（2020）指出承担学前教育专业培养工作的高校要协同政府、社会多方形成合力，开展不同阶段多种类型的专业领航教育，提升专业课程设置与幼教机构需求的耦合度，创设职业指向明确的校园文化环境。不仅如此，段宇辉（2019）认为从优秀的教学案例中，师范生既能学习优秀教师的教学设计、教学方法，也能领略优秀教师的人格魅力，从而培养师范生乐于从事美术教育事业的情感与情怀。高芳和胡小娜（2020）分析了当前师范生教育情怀培养的困境，提出应通过调整课程设置加深教育理解、完善评价体系促进情怀发展、重视教育实践增加情怀体验等策略加以破解。马多秀和江敏锐（2023）提出了增强"优师计划"政策学习和坚持正向教育价值引导，制定专门人才培养方案和突出优师专项师范生乡村理解教育，以及构建"U-G-S"协同育人机制等策略培育优师专项师范生的乡村教育情怀。

对于在职教师的教育情怀，研究者已经从文化存在论、教育现象学、具身认知理论、核心素养理论等视角提出了教师教育情怀的培育策略。首先，基于文化存在论的观点，教师应扎根教育沃土培养实践情怀，立足理论建构形成理性情怀，确立专业信念培植专业情怀，提升教育境界养成行动情怀（刘炎欣，王向东，2018）。其次，在立足教育现象学的王萍（2020）看来，唤醒教师对学生成长的迷恋、引领教师对教育情怀的自我构建和自觉提升是教师教育情怀养成的主要途径。再次，有研究者在具身认知理论的框架下，分析职前教师教育情怀的具身性、情境性和生成性特征，进而建构出教育情怀的培养策略，即开发校本课程，增强职前教师的职业认同；提升见习实习的价值，通过具身感知与实践积累经验（黄冕，徐弛，2021）。此外，不少研究者认为教育情怀是教师核心素养之一，应通过调整课程设置加深情怀理解、完善评价体系促进情怀发展、重视教育实践增加情怀体验，建立显性课程奠基、隐性课程铸魂、实践课程内化、研修反思创新的教育情怀培养体系（高芳，胡小娜，2020；杜德栎，王赢利，刘义民，2021）。

三、国内教师教育情怀研究的述评

纵观中国教师教育情怀研究的发展脉络，从古代先贤对教育情怀的理论解读和行为实践，到早期研究者对师爱的内涵和功能描述，再到近期学者对教育情怀主要表现、培养策略的研究，可知，过去虽然取得了不少有益成果，但以下几个方面亟须未来研究深入探讨。

其一，教育情怀的科学内涵亟待厘清，该领域诸多相似概念及其关系比较模糊，比如教育情怀与师爱、教师情感、乡土情怀等相近概念的内涵与外延未曾辨析。所以，后续研究应进一步界定教育情怀的概念，获得科学的定义。

其二，教育情怀的结构成分尚需明晰。以往研究大体停留在考察教育情怀的语义性定义，而对这一概念究竟包含哪些心理成分却关注不多，故难以给其下精准的操作性定义。最新研究认为教育情怀至少涉及如下四个维度：第一，相信每个学生都有发展的潜能，促进所有学生的发展；第二，认同教学专业性，具有精益求精的敬业精神和追求卓越的专业理想；第三，恪尽师道，做学生的道德示范者；第四，恪尽职守，做社会的角色楷模（吴宗劲，王静，2024）。这类关于教育情怀的成分研究只是停留在描述阶段，并未对具体指标的可靠性进行实证检验。

其三，教育情怀的形成机理和发展规律需要探析，哪些重要的因素在教育情怀的形成与发展过程中起到了重要作用也有待深入探究，而且只有在挖掘并证实了影响因素具体作用的基础上，才能构建科学有效的教育情怀养成体系。目前仅有个别研究者运用教育叙事研究法对一位边疆地区乡村教师进行研究，分析其坚守乡村教育 30 多年的教育信念，归纳出教育情怀经历的四个发展阶段，即萌芽阶段、初步形成阶段、重构阶段、自觉践行阶段（严秀英，黄雪花，周红伟，2024）。另一项研究基于烙印理论视角，归纳出师范生作为被烙印者，其乡村教育情怀印记的形成先后经历了"服从—认同—内化"三个发展阶段（张家军，王嘉龄，2022）。至于每个发展阶段，教师教育情怀的具体发展特点和规律有待后续研究进一步探索。

其四，教育情怀的评价工具有待建构。现有研究所提培育策略基本限于个性化的经验总结，因为缺少科学合理的教育情怀测评工具，而无法准确衡量这些策略的实际效果。现有研究对教育情怀的测评，往往采用职业情怀等相关的测评工具作为替代品，比如王文静等人（2024）使用唐智松等编制的《乡村教师职业情怀调查问卷》对东中西 3 省 1808 名教师开展调查，考察县中教师主观社会地位对教育情怀的作用机制。如此迫不得已的变通做法，很难保证使用这些工具所获研究结论的准确性。

其五，教育情怀的研究方法可进一步丰富或融合，单一质性的思辨演绎研究范式固然适合提炼教育情怀的叙事特征、探求其道德根源，却也易陷于个体的思辨与感悟之中，甚至停留于猜测和比拟上，给人以牵强、模糊的感觉，一旦进入教育实践中就很难落实；纯粹的量化研究容易忽视人的主体性，而教育情怀恰恰是教师主观情感的诠释，更是难以避免偏差。

其六，现有研究多集中于教师职后教育情怀的探讨，仅有少部分研究关注教师职前的教育情怀养成。而高校师范生作为未来的人民教师，其在师范生阶段积累的教育情怀将很大程度上决定未来教育教学活动中的价值观念和行为表现，故研究师范生的教育情怀养成体系确有必要。

第二节　西方关于教师情感的研究

西方学者相关研究也有不少前期积淀，与教育情怀最为接近的西方概念是教师情感（teacher emotion）。该领域研究大致经历了三个发展阶段：第一阶段关注教师个体内心体验，研究教师职业压力、职业倦怠等；第二阶段注重教师情感对教学活动的价值，研究教学过程中的教师情感劳动；第三阶段拓展到学校管理、课程改革，以及教师情感的社会和政治属性等内容领域，研究视角也日趋多元化，研究范式愈加实证化。

一、西方教师情感研究萌芽期成果

西方学者关于教师情感的萌芽研究时期大致是 20 世纪 70 年代到 90 年代，他们关注教师的职业压力和职业倦怠，并认为"情感是个体内部的心理现象"。研究者大多秉持单纯的心理学研究视角，通过系统化编制心理测量量表，试图对教师的情感进行量化表示。最典型的代表是霍赫希尔德，他从社会情感文化出发讨论了社会规则对教师情感劳动的影响，进而提出了"情感劳动理论"，认为情感劳动是工作中的一种现象，个体需遵循的情感规则包括感受规则和表达规则；之后他将职业分为高情感劳动和低情感劳动两类，教师职业的情感劳动则属于前者（张杨波，2022）。后续研究者大多在霍赫希尔德研究观点的基础上，针对教师情感／情绪领域开始持续探索。

二、西方教师情感研究发展期成果

西方教师情感研究的发展期大致是从 20 世纪 90 年代后期到 21 世纪初期，这一时期的研究从"心理"视角转向了"教育"视角，肯定了教师情感对教育教学活动的重要价值。在学界基本形成了"教学是情感的实践""教学是情感劳动过程"等重要观点，并诞生了一些有深度的理论框架和实证研究成果。

（一）解释教师情感的重要理论

除了萌芽期霍赫希尔德提出的"情感劳动理论"，这一时期解释教师情感的重要理论还有哈格里夫斯提出的情感地理理论（Hargreaves, 2001）和赞比勒斯提出的情感系谱学理论（Zembylas, 2005）。其中，哈格里夫斯从自己长期的调研实践中总结出教学中教师情感在主体间的交互作用，他认为教学的情感地理学中没有"普适的"自然法则，影响教师情感状态的五种因素依次是物理地理、专业地理、社会文化地理、政治地理、道德地理。赞比勒斯的情感系谱学理论主张，建构教师情感系谱有三个步骤：首先，探寻教师的某种情感在课堂中是如何建构出来和发展变化的；其次，理解教师不同情感表达背后的真实意涵，洞察情感文化与权力作为一种隐性的情感规则，是如何渗透在教师教学中的；最后，需要记录那些使教师某些情感出现，而另一些情感缺失的独特事件，并研讨这些情感是如何嵌入具体教学情境的（李虹等，2024）。

（二）教师情感与教育教学的关系

在这个发展期，也有些研究者专门对教师的某些具体情感表现对教育教学的影响开展了实证研究。比如，Astleitner（2000）

基于愉悦、同情、愤怒、恐惧等 5 种情绪，研究出将近 20 种的情绪应对策略，并且描绘了这些情绪策略如何用于常规教学和网络基础教学的教学设计中。另外，研究者还通过师生互动，建构师生一体的教学环境，并搭建基于教学情感的支架，进一步探究教学中的情感动力（Sutton & Wheatley, 2003）。在此之后，Sutton（2007）探索了教师的"生气"与"灰心"，她通过访谈 30 名中小学教师并分析其相关情感日记后发现，生气是多数教师最常体验到的情感，生气和灰心对教师的课堂行为具有强烈且持续的消极影响。此外，Liljestrom 等（2007）则运用深度访谈法，收集了 49 名美国女教师有关"愤怒"的情感体验描述，结果发现她们对自己的职业角色期望受到教育教学工作制度的制约。还有研究发现影响教师情感的主要因素分为人际关系质量和认知评价方式两类，一线教师的焦虑感通常因同事关系、上下级关系、家长关系不佳造成（Veen & Lasky, 2005）。

三、西方教师情感研究加速期成果

21 世纪 10 年代中后期至今，西方学者在教师情感领域的研究呈现出爆发式的加速发展，表现为开展了多个学科领域进行综合研究，不再将对教师情感的理解局限于单一的个体心理现象，而是强调教师情感在人际层面以及其他元素之间的互动关系，而且更多采用实证研究的范式。

（一）基于多元化研究视角的成果

西方研究者这一时期针对教师情感的研究视角越来越多元化。比如，Cross 和 Hong（2012）以生态系统模式为理论框架，探究教师在各层次生态系统中的情感体验以及内外部系统之间的互动作用。又如，Schutz（2014）从教育现象学的视角提出，隐藏在教学中的情感片段往往内嵌于教师设计的教学目标、教学标准和因人而异的教学价值信念之中，这些都囊括在更广泛的课堂生态环境里。还有研究者历时 4 年对 75 名一线中小学教师开展追踪研究，发现教师们从从宏观上谈及他们对教育改革的理解时，几乎不涉及情感投入；而一旦回归到教师个人的课堂教学实践，他们理解教育改革时就会变得情绪化、高度自我卷入（Schmidt & Datnow, 2005）。此后，研究者呼吁采取社会广泛关注，建立有意义的人际关系，鼓励信任、关怀和归属感等措施，来激发一线教师的积极情感（Davis, DiStefano & Schutz, 2008）。此外，Zembylas 等（2011）从社会政治学视角研究了塞浦路斯 1200 多名中小学教师对教育政策实施困难的情感认识，调查结果发现老一辈教师和男性教师对新政较为认可，但年轻教师和女教师更多表示质疑、谨慎等负面的情感体验。

（二）基于实证研究范式的成果

除了多元化的研究视角，西方研究者在发展加速时期还针对不同类型、学段教师群体的工作情感进行了实证探索。就如，Park 和 Ryu（2019）研究了 14 名韩国职前教师在虚拟高中课堂上的情感表现，研究者发现与没有或只有预期的互动相比，教师在意想不到的课堂互动中体验到的快乐水平明显更高。另一项针对芬兰大学教师群体的研究中，结果显示以学习为中心的教师对教学的积极情感描述最多，而以内容为中心的教师对教学的消极或中性情感描述最多（Postareff & Lindblom-Ylanne, 2011）。还有，Cowie（2011）采用访谈法收集了 9 名有经验外语教师的生活史信息以及他们对教学环境、教学工作的认识，推论出这些教师对同事和组织表现出更多的负面情感，包括愤怒、厌恶等；而他们与学生有关的情感大多积极、温暖，包括喜悦、关爱等。而 Waldron（2012）在对一位科学教师作出的个案研究中，描述了这位科学教师不同情感体验在其教育教学工作中的特定作用以及由此带来的职业生活变化，发现情感为其职场生活着色，并赋予其生涯以发展与活力。

四、西方教师情感研究述评

西方关于教师情感的研究历经上述三个阶段，先后吸引了大量研究者持续性地投入研究，并且取得了比较丰硕的研究成果。同样，也吸引了一些中国研究者对教师情感的陆续关注。就如，Fu 等人（2010）详细观察了 3 名幼儿园教师在一个月课堂生活中的情感表现，结果发现上午 10 点到下午 2 点之间教师忙于照顾幼儿，负面情感最为强烈；而下午 4 点到 6 点之间由于学生已陆续回家，教师表现出更多的积极情感。又如新近研究中，尹弘飚（2020）对广东省 221 名高中数学教师进行了问卷调查，考察了该省教师情感与课堂教学之间的关系，结果提示相比于愤怒和焦虑，这些高中数学教师更容易体验到享受和满足的积极情感。还有 Chen（2019）以中国香港地区 1830 名小学教师为样本，编制了教师情绪量表，考察了教师职业生活中的五种情绪与教学方法之间的关系。结果发现，教师的喜悦和热爱正向预测学生关注方式，即更多以学生为中心的方法是积极教师情绪的结果；而教师的悲伤、愤怒、恐惧和喜悦正向预测知识传递方式，即以教师为中心的方法是消极教师情绪的结果。

虽然西方关于教师情感研究已经硕果累累，但随着人工智能时代智慧教育的兴起，以及各国教育政策的持续更迭，有一些研究成果已经难以指导当下的教育实践，甚至有悖于教育实践现状。情感体验会影响新时代教师的内在动机、归因、效率信念和目标，因此未来关于教师情感的研究需要考虑教育技术发展带来的课堂教学革命的影响，从宏观和微观角度分别探讨导致教师情感变化的直接和间接影响因素，从而找到促进教师积极情感诞生的有效策略体系。然而，自从教育情怀这一概念被中国国家层面的教师管理文件吸纳，越来越多的国内研究者借鉴西方教师情感的研究经验，逐渐投身到教师教育情怀的本土化研究中。

相比于西方学者所研究的教师情感，中国学术话语体系中教师的教育情怀有着明显的不同。首先，两者所涉及的属性范围有差别，教师情感本质上是一种情感，而教师的教育情怀不仅仅包含情感成分，还包含认知和意志成分。其次，两者在性质上迥异，西方所提教师情感有积极和消极之分，而中国教师的教育情怀是正向的德行关怀，不包含负向的情感成分。再次，两者的功能有差异，西方研究的教师情感更多是作用于个体层面，而中国学者笔下的教师教育情怀，常常被推崇到对整个教育事业发展、教师队伍建设的宏观高度，而且情怀是高层次的精神境界，关乎人文精神与良善品性，具有鲜明的超越性。

本章小结

第一章我们详细梳理了古今中外与教育情怀有关的研究成果，包括中国古代先贤对教育情怀的解读、中国现代学者对教育情怀的研究、西方学者对教师情感的研究，如此梳理给教育情怀作出了一个比较精准的学术画像。通过对比分析，最终我们认为中国教师的教育情怀与西方所提的教师情感有显著的不同，理应采用更加中国化的概念——教育情怀开展后续研究。未来研究将在教师教育情怀的科学内涵、结构成分、评价工具、影响因素等领域大有用武之地。

第二章　新时代教师教育情怀的结构指标

习近平总书记 2019 年在学校思想政治理论课教师座谈会上指出:"教师在课堂上展现的情怀最能打动人,甚至会影响学生一生。"教育情怀,作为温润教师教育初心的动力之源,有助于支撑新时代教师的专业发展,助推其落实立德树人的根本任务。弄清楚教育情怀这一动力之源的结构成分,是提出新时代教师教育情怀培养策略的先手棋。因此,本章将立足作为准教师的师范生、小学教师、中学班主任、儿童这四种视角,深度分析新时代教师教育情怀的结构指标。

第一节　师范生教育情怀的结构: 基于开放式调查的内容分析

教育情怀的养成不如习得教学技能般迅速,需要长久的时间进行浸润。这个养成周期从还是准教师的阶段开始,一直延续到从教几十年,甚至退休之后教育情怀仍在增长。本节我们选择了师范生的教育情怀作为研究对象,因为教师的职前培养,是教师教育情怀养成的关键阶段,直接影响其后续对教育工作的投入和期待。而且,深入研究师范生的教育情怀对培养新时代高质量教师队伍具有重大意义。

一、问题提出

如前所述，先前学者关于教师教育情怀的内涵表现研究大致有三种观点，分别为精神动力说、内在情愫说、人文情怀说。其中，内在情愫说将教育情怀视为教师内心的一种情感。比如，高汝伟（2018）认为教育情怀是教师心灵深处潜藏着的一种对教育的情愫，体现为对教育的认同、热爱、义务和责任。又如，陈太忠和皮武（2021）主张教育情怀是教师对教育持久而稳定的关切和喜爱之情，表现为乐于从教的态度以及享受教育生活的独特能力。其次，精神动力说认为教育情怀是驱动教师发展的精神动力。韩延伦和刘若谷（2018）界定教育情怀是教师内心执念于教书育人的精神叙事，表现为对教师身份的尊重和崇敬、对教师生命价值的自觉维护。类似地，教育情怀是教师专业成长的动力机制和专业发展的情感向心力，体现了教师对于教育的理解、热爱、忠诚和信念程度（刘炎欣，罗昱，2019）。再次，持人文情怀说的研究者则主张教师的教育情怀是一种人文情怀。如，刘庆昌（2017）把教育情怀理解为人文情怀在教育追求中的具体表现，是能够反映教育价值追求和能够释放教育人文气韵的一系列情感和行动倾向。教育情怀也表现为对社会、学生和自身的情感态度和包容胸怀，涉及师德伦理、人文精神和自我关怀三方面（肖凤翔，张明雪，2018）。

以往研究在教师教育情怀的内涵表现方面取得了一些有益成果，但仍处于起步探索阶段，至少还有以下两个问题亟须进行深入探讨。其一，虽然不同研究者提出了自己对教育情怀内涵的独特理解，但大多囿于书斋式的抽象思考，缺少来自一线教师群体自下而上的分析与概括，尤其对职前教师观点的关注更是鲜少。其二，教育情怀的心理结构尚需明晰。以往研究大体停留在考察教师教育情怀的语义性定义，而对这一概念究竟包含哪些心理成分却鲜有涉及，仅个别研究者做了尝试性的概括。如，刘庆昌（2017）提出教师教育情怀由对教育目的的价值认同、对教育对象的情感投入、对知识和道德的理性崇尚三要素构成，前面提到的陈太忠和皮武认为教师教育情怀包含压力体验、行动倾向和享用状态三种成分。然而，这些研究结论均源自思辨演绎的质性方法，所得结论缺乏量化数据的支持，很难完全契合复杂的基础教育现实。所以，亟须引入实证量化研究范式分析师范生教育情怀的基本内涵与结构成分，这有助于给师范生教育情怀提供操作化定义，并为其教育情怀测验工具编制奠定理论构想。

二、研究方法

（一）研究对象

采用方便抽样法，选取 293 名重庆市某本科高校师范生参与开放式调查。其中男生 76 人，女生 217 人，年龄介于 19—23 周岁之间。

（二）研究工具

本次开放式调查用到的工具主要是调查问卷。调查问卷包含以下几个主要问题：（1）作为师范生，您是如何理解教师的教育情怀这一概念的？（2）您认为有教育情怀的师范生应该是怎么样的？（3）作为师范生，您认为教育情怀不足的表现有哪些？（4）您认为哪些因素可能会影响师范生的教育情怀水平？

（三）研究程序

本次调查主要通过团体施测的方式采集数据，之后对 293 个丌放式问卷文本进行内容分析。具体分析步骤包含建立类目框架、分析单位归类、计算归类信度。首先，初步建立类目框架，在充分考虑相关文献、专家意见的基础上确定分类基础框架。其次，将分析单元归类，邀请两名教育学专业学生对问卷文本描述从教育情怀的内涵、结构和影响因素三个方面进行归类，归类时以完整的句子或词语为分析单元。最后，计算两位归类者之间的相互同意度，统计时以归类次数为基本单位，计算结果显示上述三个方面的归类一致性信度分别为 0.86、0.89 和 0.85，这表明本次内容分析结果的一致性和稳定性较高。

三、研究结果

通过对 293 名被调查者作答结果的内容分析，开放式问卷中的 4 个主要问题分别对应了师范生教育情怀的内涵、结构和影响因素三个方面，每个方面整理出相应的类目和子类目，详细结果见表 2-1。

表 2-1　师范生教育情怀开放式调查的内容分析结果

题目测查范围	信度	类目	子类目及其所占比例（％）		
1. 教育情怀的内涵	0.86	专业素养	师德（26）	能力（18）	态度（9）
		精神信仰	信仰（12）	激情（15）	动力（20）
2. 教育情怀的结构	0.89	热爱之情	爱学生（26）	爱教育（15）	
		认同之感	责任使命（14）	专业能力（11）	道德情操（8）
		坚守之志	理想信念（7）	从教意愿（13）	专业发展（6）
3. 教育情怀的影响因素	0.85	师范生	家庭背景（11）	人格特质（8）	
		工作学校	教学条件（13）	同事关系（17）	发展机会（10）
		社会政策	公众评价（7）	政策导向（5）	
		培养对象	学习态度（14）	学业成就（8）	师生交往（7）

（一）师范生教育情怀的内涵

师范生对于如何理解教育情怀这一概念的回答，大致分成两种观点。其一，师范生的教育情怀被看成一种重要的专业素养，包含师德、能力和态度三个子类，持这种观点的师范生一共占到了53%。其中，将教育情怀理解为师德的成分或表现的师范生占比最多，有被调查者（XP）如此写道："教育情怀属于教师师德的重要组成部分，它要求像我们这样的准教师应该以身作则、端正品行、认真负责、仁爱友善。"

其二，剩余47%的师范生将教育情怀视为教师内在的精神信仰，被描述成信仰、激情和动力三种。这些师范生认为教育情怀是教师践行立德树人理念、推动专业发展的职业信仰、精神动力。正如被调查者（TQY）回答的："走心的好老师，对待课堂和学生总是很有激情，因为他们把教育事业当成了自己的信仰，滋润着他们的精神家园。"

（二）师范生教育情怀的结构

开放式问卷中第2个和第3个问题回应的科学问题是师范生教育情怀由哪些成分构成。根据表2-1可知，热爱之情、认同之感和坚守之志三个类目共同构成了师范生的教育情怀，依次占比41%、33%和26%。

1. 热爱之情

调查结果显示，热爱之情成分主要有爱学生和爱教育两个子类，前者占了近三分之二。爱学生这个子类目也是教育情怀所有子成分中占比最多的，被提及的次数占比为26%。被调查者所描述的爱学生，包括教师发自内心地喜欢学生，对待学生成长充满期待，与学生交往时展现出足够的尊重、宽容、细心、耐心，能够爱生如子。其中典型的描述如，"作为准教师，我非常喜欢和小朋友待在一起，特别愿意听到他们天真无邪的欢笑声，即使他们可能会因为顽皮、犯错而惹到我，我想这就是教育情怀（YX）"。同样，热爱之情还表现为爱教育，这也是师范生教育情怀的重要成分。被调查者所说的爱教育，指的是师范生热爱教育工作，将教师职业作为终生奋斗的事业，真正用情来教书育人。有被调查者通过列举其他教师的教育情怀表现来说明自己的观点："像我以前的一个语文老师，她最期盼看到学生的健康成长、学习进步，感觉她比我们自己还要在意，显然她是有情怀的老师（XX）。"

2. 认同之感

本次调查中，师范生教育情怀的另一个成分是认同之感，其分为了责任使命、专业能力、道德情操三个子类。教育情怀集中体现为师范生对教师身份的认同，具体表现为认同教师肩负的责任与使命，教师开展教育教学的专业能力，以及教师应具备的高尚道德情操。其中，认同责任使命的占比为14%，被调查者提到的"立德树人、教书育人、促进学生全面发展、滋养灵魂"等，都是教师的职业责任与使命，有教育情怀的师范生应深刻认同教师的这些责任与使命。调查结果也显示，师范生教育情怀还表现为对教师专业能力的认同感，这主要是认同教师在教育学生和课堂教学两个方面的专业能力，共占比11%。不仅如此，结果还表明师范生对教师高尚道德情操的认同感也是教育情怀的题中应有之义。比如，参与调查的师范生描述："我认为有教育情怀的教师应具有比普通人更高尚的道德情操，所谓'德高为师、身正为范'便是对教师这种身份的认同（TQS）。"

3. 坚守之志

本调查还发现师范生的教育情怀包含坚守之志成分，这一成分细分为理想信念、从教意愿、专业发展三个子维度。其中从教意愿被提及得最多，占比13%，主要涉及师范生在面对外部诱惑、内在困难时对教师职业的忠诚程度。正如被调查者写道："那些教育情怀深厚的乡村教师往往会排除艰难困苦，长期扎根地理位置不佳、教学条件较差的乡村学校，可见他们对教育的执着、从教的意愿非常坚定（THX）。"另外两个成分理想信念和专业发展的占比接近，前者表现为教师坚定不移地追求自己的教育理想和信念，秉持超功利的教育境界；后者强调教师对自己的教育工作充满期待，矢志不渝地实现专业成长。就像有位参与者所说的："没有情怀的老师只会把教书育人当成一份养家糊口的工作，毫无独特的教育智慧、理念支撑，更不用说自觉地追求专业发展了……（YYZ）"

（三）师范生教育情怀的影响因素

开放式问卷的最后一个问题聚焦影响师范生教育情怀水平的具体因素，结果表明这些影响因素来自师范生本人、未来的工作学校、社会政策以及培养对象四个方面，它们依次占比19%、40%、12%和29%。

被提到最多的教育情怀影响因素集中在师范生以后的工作学校，具体有学校的教学条件、发展机会和同事关系。其中同事关系被提及的次数最多，占比17%。有被调查的师范生讲道："和谐融洽同事关系会给予像我这样的青年老师一些归属感，尤其是直接指导我们的老教师，从而对学校、对工作生成积极的情感（ZYY）。"其次是学校的教学条件和学校提供的发展机会也可能影响师范生的教育情怀，两者的出现频次分别占比13%和10%。参与本次调查的师范生所描述的教学条件包含物质基础等硬件和教学团队素质等软件，发展的机会主要指向职称和职务晋升通道、专业能力提升教育。

由表2-1可知，被调查者认为影响师范生教育情怀水平的另一类因素来自其未来的培养对象——学生，学生的学习态度、学业成就和师生交往质量都可能会制约教师的教育情怀。学生主动、积极的学习态度会让师范生感受到从事教育教学工作是有意义的，会使他们认为"自己的工作是被需要、受尊重的，因而更愿意投入更多的情感（YL）"。同样，如果学生获得优异的学业成绩，能够成长为对社会有用的人，他们会体验到显著的"欣慰感、自豪感、荣誉感，甚至幸福感，也会强化师范生的教育情怀（ZY）"。此外，师生交往互动的结果，也将影响教师教育情怀的水平。师生关系越是牢固、和谐、融洽，越能够激发双方的喜欢、欣赏、崇拜、师爱等正向情感投入。

本调查中，有近五分之一的教育情怀影响因素来自师范生本人、师范生的家庭背景因素和人格特质因素。首先，这里的家庭背景不包含经济收入条件、家庭氛围等内容，主要是指家庭成员的职业背景、家庭成员是否支持等因素。就像调查中有位师范生叙述了他身为教师的母亲，热爱教育工作，对自己教育情怀的促进作用（DSY）。其次，师范生的人格特质因素，调查结果发现具有乐观、善良、宽容、坚毅等性格优势，也有利于师范生教育情怀的养成。

最后，教育情怀影响因素中社会政策方面的占比最少，大约十分之一。调查结果显示，不管是社会公众对教师职业的评价，还是国家相关教育政策的导向，都可能制约师范生对教师职业身份的认同，以及从事教师职业的意愿，从而间接影响师范生的教育情怀水平。比如，调查中有师范生写道："一直以来，人们对教师职业是比较推崇的，这也吸引我愿意长久从教，投入我的时间、精力和感情（ZH）。"

四、讨论分析

（一）师范生教育情怀是一种执着的专业心境

此次调查研究结果表明师范生将教育情怀理解成一种专业素养或者精神信仰，涉及了教师的师德、教学能力、专业态度、理想信念、热情激情和内部动力等内涵。这些内涵描述具有相对的稳定性，都与教育专业密切相关，且属于个体的心理感受。由此可知，师范生的教育情怀是一种比较持久、执着的专业心境。

这一观点符合心理学和语言学对其上位概念"情感"一词的界定，也反映了师范生对自身情怀的理解。"情怀"在《现代汉语词典》（中国社会科学院语言研究所，2005）中指的是"含有某种感情的心境"，有以下两种解释：①心情，郁达夫《过去》："两旁店家的灯火，照耀得很明亮，反照出了些离人的孤独的情怀。"②胸怀，峻青《海啸》："为革命事业而献身，就是你毕生的高尚情怀。"与之类似，《心理学大辞典》（林崇德，杨治良，黄希庭，2004）中认为："情感是人对客观事物是否满足自己的需要而产生的态度体验。"这里的情感不同于情绪，情绪更倾向于个体基本需求欲望上的态度体验，情感则更倾向于社会需求欲望上的态度体验。由此可知，我们通过内容分析后所定义的教育情怀具有较大的合理性。

当然，教育情怀也不能等同于教师的情感，因为教师的教育情怀能表达出持续的情感体验、情感倾向和心理境况，也用来表达善美雅趣、温润心灵等方面的人文特质和意蕴。换句话说，师范生的教育情怀不是与生俱来的，而是后天养成的，一种不断提升人生境界的追求。师范生的教育情怀是变化发展的，随着他们在教育实践过程中不断丰富，是一种在特定领域或特定教育事业上的特殊感情。师范生的教育情怀是多层次多维度的，既有情感态度方面，也有道德品质、价值观方面，不仅包括对自己的积极情感，也包括对他人他物的包容胸怀。这也能为本调查中教育情怀的内涵涉及师德和态度胸怀等要素提供合适的解释。

（二）师范生教育情怀的知情意三维成分

此次调查研究最重要的发现是，从知情意的角度分析了师范生教育情怀的具体结构成分，开放式调查结果显示师范生的教育情怀主要由认同之感、热爱之情和坚守之志三个成分构成。其中，师范生对教育事业的认同之感是其教育情怀的认知成分，师范生对学生的热爱之情是其教育情怀的情感成分，师范生对教育理想的坚守之志是其教育情怀的意志成分。这一三维结构与前人关于教育情怀的具体表现的研究成果有相通之处。比如，朱彤彤和张爱琴（2019）认为师范生的乡村教育情怀主要体现在热爱乡村教育事业、对乡村教师身份的认同和关爱学生三个方面。与之类似，刘庆昌（2021）认为教育情怀由以下要素构成：对教育目的的价值认同，对教育对象的情感投入，对知识和道德的理性崇尚。这两个研究所构想的价值认同、身份认同、关爱学生和情感投入要素与此次调查结果中认同之感比较一致。又如，胡娇、谢伟强和徐金玲（2021）通过对小学教育专业公费师范生的调查发现，该群体乡村教育情怀具有相对稳定的结构，包括从教意愿、通识素养、职业责任、了解学生四个维度。其中的从教意愿、职业责任就属于本研究所指的坚守之志维度，而了解学生可视为对学生热爱之情的一个方面。

教育实践中，有理想信念、有道德情操、有扎实学识、有仁爱之心既是评价新时代优秀教师的重要标准，也是一线教师努力奋斗的目标（杨明全，岳鑫，2023）。其中，有理想信念对应本研究教育情怀三维成分中的坚守之志，有道德情操属于教育情怀中认同之感的内容，有仁爱之心直接表现为教育情怀中的热爱之情。正如全国教书育人楷模张桂梅校长的教育情怀表现为，坚信女孩子读书可以改变命运，拖着病痛之躯坚守在岗位上，像妈妈般地关爱这些家境清贫的女孩，向社会示范一名人民教师的高尚品行。所以，纵观前人教育研究成果与教育实践实际，本研究中师范生的教育情怀由认同之感、热爱之情和坚守之志三个成分构成是比较合理的。

（三）师范生教育情怀的涵养策略

本次调查发现教育情怀作为师范生内心持续性的专业心境，包含认同之感、热爱之情和坚守之志三个主要成分，受到社会政策因素、工作学校因素、培养对象因素、师范生人格特质等相关因素影响。厘清这些影响因素和教育情怀的心理结构成分，为提出师范生教育情怀的涵养策略提供了相对明确的方向。

首先，加强理想信念教育，以坚守化情怀。本次调查结果表明，坚守之志是师范生教育情怀的重要成分。因此强化师范生的理想信念教育，将有助于其涵养教育情怀。高校可以充分发挥思想政治理论课程和教育类专业课程的综合育人作用，引导师范生树立学为人师、行为世范的职业理想和立德树人的教育信念。其次，吸取教育教学智慧，以沟通筑情怀。本研究发现教育对象的学习态度、学业成就和师生关系都会影响师范生的教育情怀。因而，高校应注重师范生教学技能训练和育人方法实践，促进师范生形成卓绝的教育智慧和教学语言艺术，这样才能使所教的学生热爱课堂，投入学科知识的学习，取得显著的学业成就，也有利于建构和谐的师生关系。最后，发挥性格特征优势，以人格养情怀。本次调查还提示师范生积极的心理品质有利于其养成教育情怀。故高校在进行人才培养目标制定和各类学生活动设计时，需有意识地塑造师范生的乐观、宽容、善良、坚毅等心理特质，以涵养其教育情怀。

五、研究结论

通过对本次开放式调查所获文本进行内容分析，得到以下结论：（1）师范生的教育情怀是一种执着的专业心境；（2）师范生的教育情怀由热爱之情、认同之感和坚守之志三个成分构成；（3）社会政策、工作学校、培养对象、师范生个体因素能影响师范生的教育情怀水平。

第二节　扎根理论视角下小学全科教师教育情怀的结构初探

教育部等六部门发布的《关于加强新时代乡村教师队伍建设的意见》（教师〔2020〕5号）提出"加强师德师风建设"，"必须把乡村教师队伍建设摆在优先发展的战略地位"，"厚植乡村教育情怀"等要求。上一节考察了师范生的教育情怀结构指标，本节选择了新时代乡村教师的代表性群体——小学全科教师为研究对象，初步探究在职小学阶段教师的教育情怀究竟包含哪些要素、有哪些典型的表现。

一、研究缘起

为进一步优化乡村教师结构，缓解乡村教师短缺的矛盾，重庆市自2013年开始了农村小学全科教师培养工作，小学全科教师作为定向培养的乡村教师，是推进乡村振兴的重要力量。近年来，国家相继出台各项支持、鼓励及优惠政策，乡村教师的物质条件得到了一定的改善。除了这些外援政策之外，也应看到乡村教师的教育情怀这一内在动力，教育情怀作为支撑小学全科教师坚守和奉献乡村教育的力量，关系到其能否成为一名优秀的乡村教师，真正地做到"下得去、留得住、干得好"。

现阶段，我国学者主要对教育情怀的内涵、教育情怀的重要价值以及教育情怀的培养策略展开了研究。首先，对于教育情怀的内涵，不同的学者提出了不同的观点。王萍（2020）提出教育情怀是教师献身教育的承诺，是教师与学生相处的智慧，是教师对学生成长的迷恋。肖凤翔和张明雪（2018）则将教育情怀解释为教师对待自身、学生和社会表现出来的人文情怀，包含了自我关怀、人文精神和师德伦理三部分。其次，教育情怀作为教师必备的核心素养之一，有着重要的价值。具有教育情怀的教师真诚、勤勉、敬业、超越，将自己的生命融于教育这一宏伟的事业中，这样的教师眼光高远、行为执着，永远向着教育及人的未来发展（臧殿高，2009）。同时，教育情怀还是教师应对人工智能挑战的优势所在，传统的知识传授正逐渐被网络、人工智能等所取代，教师存在的意义主要体现在其人文关怀和引导学生全面发展与终身发展上（龙宝新，2020）。最后，教育情怀的培养策略也是我国学者关于教师教育领域的重点研究方向。陈太忠与皮武（2021）指出以下四点有助于促进教师教育情怀的生成：教师对教育功能的充分认知；教师对国家富强和民族进步的强烈责任感；教师对教育生活的审美建构；教师对学生和自身的深切关爱。

根据现有的研究可以看出，虽有学者不断地加入教育情怀的研究中来,但现有的研究仍缺乏自下而上获取的资料,极少关注一线乡村小学全科教师的体验。同时目前有关小学全科教师的研究也大多围绕着"如何培养小学全科教师",而"小学全科教师教育情怀"这一研究主题鲜有学者问津。小学全科教师身处乡村教育一线,承载着乡村教育的希望,因此小学全科教师的教育情怀具有十分重要的现实价值。鉴于以上几点,本节的研究以"小学全科教师的教育情怀"为研究主题,从一线小学全科教师视角出发,通过半结构访谈,基于扎根理论建构小学全科教师教育情怀的结构,可为在岗小学全科教师教育情怀的提升提供有益参考。

二、研究方法

(一)研究对象

此次研究采用方便抽样法,选取 34 位重庆市的小学全科教师参与访谈。其中有效访谈样本 30 个,男教师 9 人,女教师 21 人,现都就教于重庆市各区县乡镇小学,具体信息见表 2-2。

表 2-2　受访小学全科教师的工作地区分布情况

区县	男/人	女/人	合计/人
綦江	0	2	2
黔江	2	5	7
酉阳	2	0	2
奉节	1	2	3
南川	0	3	3
丰都	1	1	2
梁平	3	1	4
秀山	0	4	4

续表

区县	男/人	女/人	合计/人
开州	0	1	1
彭水	0	1	1
忠县	0	1	1
总计	9	21	30

（二）研究工具

本次研究主要运用以下两种工具。其一，事先拟定了访谈提纲，涵盖 5 个主要问题：您能谈谈作为一名小学全科教师近年来的工作情况吗？您认为是什么在支撑小学全科教师坚守乡村的小学教育事业？在日常生活中，有情怀常被用来赞誉有理想信念、有道德情操、有仁爱之心、有社会责任的人，您认为有教育情怀的小学全科教师应该是怎么样的？您认为哪些方面的行为或表现能够体现一名小学全科教师的教育情怀？列举您认为小学全科教师教育情怀不足的行为或表现。其二，Nvivo11.0 质性分析软件，Nvivo 是由 QSR 公司设计开发，用以辅助计算机进行质性分析的软件，拥有强大的多级编码功能。此次研究用该软件进行文本资料的编码和分析。

（三）研究程序

1. 数据收集

访谈前，访谈员向受访者简要介绍了研究的目的和方式，经受访者同意后，对整个访谈过程同步录音。访谈中，访谈员根据实际情况对预设问题适当细化、转述或追问，尽可能多地了解小学全科教师教育情怀的相关信息。访谈结束，经过筛查后得到30 份有效录音，平均访谈时间长度为约 13 分钟，完成数据收集的时间跨度约为一个月。经过对录音进行语音识别以及逐字甄别后得到 30 份访谈文本,共约 10.5 万字。

2. 数据编码

此次研究基于扎根理论并借助质性分析软件 Nvivo11.0 对访谈文本进行分析编码、建构小学全科教师教育情怀的结构。扎根理论由格拉斯和斯特劳斯提出,它强调研究人员必须对访谈资料采取开放的态度,对访谈信息进行详细、深入的分析,从中提炼出相关的概念和范畴,进而建构反映访谈对象社会生活的理论(孙晓娥,2011)。首先,将 30 份访谈文本导入 Nvivo11.0 的"内部材料"之中。其次,根据扎根理论的操作程序,依次进行整理、编码、联系和建构理论(陈向明,2015)。最重要的步骤是对原始资料逐级编码,其中包括开放式编码、关联式编码、核心式编码。在开放式编码阶段,将文本资料按照其本身所呈现的状态进行编码,经过筛选共获得关心学生、了解学生、耐心、宽容、热爱工作、幸福感、成就感、积极乐观、乐于助人、工作认真、有责任心、无私奉献、培养全面发展的学生、专业素养过硬、循循善诱、因材施教、身正为范、提升专业素养、坚守岗位、坚定理想信念等 75 个自由节点。在关联式编码阶段,根据自由节点之间的联系,寻找概括性更强的范畴,共抽取关爱学生、热爱教育、善待他人、职业责任、职业价值、职业技能、职业道德、追求发展、坚守岗位、坚定理想 10 个关联式编码。在核心式编码阶段,经过系统地分析开放式和关联式编码共同反应的核心类属,最终确定 3 个具有统领性的核心编码,即仁爱、认同、坚守。

3. 效度和信度检验

根据塞德曼对质性研究效度审定的建议,运用原始资料检验法、受访者反馈法对访谈结果进行效度检验(塞德曼,2009)。原始资料检验法是通过验证主要概念是否来源于原始资料以判断结果效度，运用质询功能发现"关爱学生""坚守岗位""热爱教育""终身学习"等都源自原始资料，表明编码结果效度良好。同时，选取样本的 17% 用于信度测试，即从 30 篇有效访谈材料中随机抽取 5 篇，由另一编码员按照相同的分析维度独立完成编码。对编码结果使用信度公式进行信度系数计算，获得信度系数为 0.86，处于较高水平，表明编码结果的一致性是良好的。

三、研究结果

通过对小学全科教师教育情怀结构的访谈数据进行编码分析，结果如表 2-3 所示。结果显示小学全科教师教育情怀的结构包含仁爱、认同、坚守 3 个核心类属，这些核心类属分为 10 个主要子类属，详见表 2-3，其中材料来源代表参与访谈的人数，参考点代表该类属被提及的次数。

表 2-3 小学全科教师教育情怀结构的编码结果

编码类别 （核心类属 / 主要类属）	类别来源	
	材料来源 / 个	参考点 / 个
1 仁爱	30	174
1.1 关爱学生	29	120
1.2 热爱教育	16	38
1.3 善待他人	12	16
2 认同	29	127
2.1 职业责任	21	45
2.2 职业价值	19	45
2.3 职业技能	16	22
2.4 职业道德	9	13
3 坚守	18	39

编码类别 （核心类属／主要类属）	类别来源	
	材料来源／个	参考点／个
3.1 坚守岗位	5	6
3.2 坚定理想	4	4
3.3 追求发展	12	29

（一）小学全科教师教育情怀的仁爱成分

参与访谈的小学全科教师普遍认为，"仁爱"是小学全科教师教育情怀结构的必要成分之一，总共30名小学全科教师全都提到了该类属，共有参考点174个，包涵关爱学生、热爱教育、善待他人3个主要类属。其中关爱学生被29名小学全科教师一共提及了120次，主要由耐心、关心学生、爱学生等26个自由节点构成。由于小学生本身在情感和认知上还比较稚嫩，小学的"教学工作是一个比较烦琐的工作"（WCP），所以小学全科教师对学生的关爱首先体现在耐心上，耐心被11名小学全科教师提及14次。其次，作为一名小学全科教师"不管是学习还是生活上都会比较关心学生"（YJ），有8名小学全科教师13次提及关心学生。受访者提到，"把学生当作自己的孩子一样，注入自己的爱"（LYL），爱学生被11名小学全科教师共提及13次。作为一名教师还要爱自己的事业，热爱教育被16名小学全科教师提及38次。很多被访者都提到"必须爱这份事业"（LL）并且能从教育事业中获得幸福感、成就感，乐于从教，以建设教育事业为豪。同时作为个人，小学全科教师的生活态度也与工作和生活息息相关，善待他人被12名小学全科教师共提及16次，提到要"以一种平常心、一种热爱之心去对待生活"（SSQ），在生活中要平等待人、乐于助人。并且教师的情绪也直接影响着学生，"很多全科老师给学生传递的其实更多的是正能量"（LD），积极乐观对于一名小学全科教师也十分重要。

（二）小学全科教师教育情怀的认同成分

结果显示，认同也是小学全科教师教育情怀的重要成分，包涵了职业责任、职业价值、职业技能、职业道德4个类别，在访谈中有29名小学全科教师提到，共有参考点172个。其中，职业责任被提及最多，小学全科教师身处教学一线，将直接影响学生的成长、成才，责任重大，所以"最基本的是要负责"（ZY），共有21名小学全科教师提及45次。职业价值被19名小学全科教师所提及，同样也有45个参考点，由无私奉献、培养全面发展的学生、公平公正等10个自由节点构成。无私奉献被最多提及，由于乡村学校各方面相对落后，所以许多小学全科教师通过自己的无私奉献来弥补学生，如"自发给学生补课，还有对于比较贫穷的一些孩子，自己掏钱给他买衣服鞋子"（YJ）。16名小学全科教师提及职业技能22次，作为小学全科教师"最主要的也是最基础的应该具有一个非常扎实的教学基础、教学素养"（LW）。"作为老师道德情操也是很重要的"（WL），职业道德被9名小学全科教师提及13次，包涵身正为范、有道德情操、遵纪守法、人格高尚。

（三）小学全科教师教育情怀的坚守成分

结果表明，坚守岗位、坚定理想和追求发展共同构成小学全科教师教育情怀坚守成分，其开放式编码材料来源依次为5、4、12，编码参考点数依次为6、4、29。首先，作为国家培养的免费师范生需要坚守岗位，做到"下得去，留得住，干得好"（LW），尽管乡镇小学各方面条件相对较差但"依旧坚守在这个岗位上"（LD）。其次，小学全科教师要坚定理想"能够扎根在乡村教育，乡村学校,助力每一个乡村孩子"(XYL)。最后,追求发展是教师专业提升的源泉动力,包含了提升专业素养、勤于思考、自我提升、职业发展、自身发展共5个自由节点。

四、讨论与建议

(一)小学全科教师教育情怀的结构

此次研究基于30名一线小学全科教师对其教育情怀丰富、具体、生动的描述,根据格拉斯和斯特劳斯提出的扎根理论自下而上地归纳资料,构建了小学全科教师教育情怀的结构。仁爱、认同、坚守3个核心要素共同构成了小学全科教师教育情怀的结构,这3个核心要素分别体现在了情感、认知、意志三个层面,各自发挥着独特的作用。

全体受访者认为仁爱是小学全科教师教育情怀的最核心的成分,正如陶行知所言,要想完成乡村教育的使命,属于什么计划方法都是次要的,那超过一切的条件是同志们肯不肯把整个心献给乡村人民和儿童。真教育是心心相印的活动。唯独从心里发出来的,才能打到心的深处(陶行知,2005)。仁爱便是小学全科教师从心里发出来的对教育、对学生的热爱,以及对生活和生活中的其他人的友善的态度。只有热爱教育、热爱岗位和学生,才能把自己的全部才智献给这一神圣的事业(黄万强,2019)。

小学全科教师教育情怀结构中另一个重要成分是认同,主要体现为对教师这一职业的认同,包含职业责任、职业价值、职业技能、职业道德四部分。其中职业责任是认同的外在表现,是教师清楚地认识到自己承担着润泽生命的责任,承载着民族的未来和希望,并且由此生成的舍我其谁、勇于付出的担当精神。职业价值是认同的内在源泉，包含教师对教育本身的思考与认识和教育对乡村、对国家的重要价值，以及教育与自己的人生价值的联系。职业技能是认同的基础保障，是作为教师所需要具备的专业素养。职业道德是认同的社会准则，不仅是教师需要遵守的基本道德，还应该是身正为范，是更高尚的道德追求。

小学全科教师教育情怀结构中的坚守主要是指行为上坚守教师岗位，思想上坚定理想信念、追求向上发展。在教学环境相对不足、教师队伍流失以及工作负担比较繁重的工作环境中（张学敏，尹春杰，2024），具有教育情怀的小学全科教师能够始终坚守乡村教育岗位，帮助乡村学生成长成才，扎根乡村教育不动摇。教师对教育事业的理想信念是教师专业归属感和专业理想的精神诉求，教师要自觉抵御来自物质诱惑和利益的冲击，坚信教育的明天和未来，持守教育的精神家园（刘炎欣，罗昱，2019）。

（二）小学全科教师教育情怀的涵养策略

1. 提升情感投入，以仁爱化情怀

关爱学生，相信每个学生都有无限的可能性，对学生身心的全面发展负责任。苏霍姆林斯基（2008）提出，"一个好教师意味着什么？首先意味着他热爱孩子，感觉到跟孩子交往是一种乐趣，相信每一个孩子都能成为一个好人，善于跟他们交朋友，关心孩子的快乐和悲伤，了解学生的心灵，时刻都不忘记自己也曾经是个孩子"。关爱学生主要体现在耐心上，学生知识的积累、能力的培养、品德的形成，都不是一朝一夕，非常考验小学全科教师的耐心。因此，在小学全科教师的培养与成长中要注重耐心的考验，在大学中多开设一些有关锻炼耐心的课程或者活动，小学全科教师在工作中也要时刻提醒自己不能急躁，要客观看待学生的问题,多一些耐心。教育过程中,要学会宽容,教师的宽容是对学生的不足、缺点甚至错误的包容、理解和原谅,是学生自信心的保护伞,是学生发展的一种动力(李金禄,2017)。其次,善待他人,积极乐观生活,作为一名教师要心怀善意,做到与人为善,能够较好地处理与同事、领导和身边其他人的关系。正如马克思所说"人的本质是一切社会关系的总和",人不是一座孤岛,小学全科教师更是如此。师范院校在培养师范生时不仅要重视其专业知识水平,也要关注其生活关系,要引导和培养师范生的人际交往能力。同时,要增强小学全科教师的自我效能感,树立强烈的自信心,勇于从以往教学的成败经验中积极归因,客观看待工作中遇到的问题。另外,还需加强学校领导和老师们对学生管理方面的重视,提高他们对自己教育行为有效性的认识,培养良好的学习习惯。在此基础之上,建立起一种和谐融洽的师生关系。全科教师也要注意维护自己的心理健康,工作压力过大,容易产生职业倦怠,这时一定要不断调整自己,释放压力,遇到困难时才能迎难而上。

2. 根植乡土情结,以认同化情怀

只有内心对教师职业充满认同,小学全科教师才能对乡村教育注入情感,才能在做好教学工作之外去关注学生个体真实的生命(郑钰雯,陈扬,2021)。职业责任是小学全科教师任职乡村岗位的基本责任,有利于小学全科教师有效履职。院校应该针对职业责任为小学全科师范生提供更多的解读国家教育政策的讲座,请优秀的教师宣讲提供更多的交流机会。小学全科教师由于大多从事乡村教育,因此还必须提前认识乡土文化,掌握必需的自然知识、传统文化和生产生活知识。院校可以为小学全科师范生提供在乡镇小学进行见习、试作、实习及社会实践的机会,帮助小学全科师范生了解乡村教育，进而使从事乡村教育的责任和意义在小学全科师范生群体中烙下印记。另外，基于乡村本土的大学生培养小学全科教师，能更好地调动未来教师的乡村教育使命感，也是乡村教师队伍建设的一种重要思路（沈伟，王娟，孙天慈，2020）。小学全科教师只有在内心深处拥有深厚的乡土情结，真正体会农民生活的艰辛，才能愿为乡村教育发展付出一切，才能够把自己的人生意义和价值跟乡村教育事业紧密地联系在一起，在发展乡村教育事业的过程中实现自己的人生理想（马多秀，2017）。

作为一名小学全科教师，过硬的专业素养是最基础的就业标准。除了不断丰富自己的教育理念，不断钻研思考，掌握广泛的知识，小学全科教师还要加强教学实践能力，抓住和争取每一次的进修机会，积极参加教育教育科研与开发，努力提高自身的综合素质，不断总结教学中存在的问题、积累正向的有益经验，成长为优秀的小学全科教师。

3. 坚定理想信念，以坚守化情怀

坚守是一种行为品质，既表达时间维度上持久坚定的行动力，也表达意志品质上的坚忍执着。乡村教育振兴需要更多下得去、留得住、教得好，能够惠泽乡村孩子、乡村家庭、乡村教育、乡村社会的教师。坚定理想信念就是要调动小学全科教师的教育使命感，培养小学全科师范生对新时代乡村教育的价值认同、关爱与责任，坚定师范生对教育的忠诚和信念（高芳，胡小娜，2020）。小学全科教师的责任不仅是为乡村学生传授课本知识，还要为乡村学生提供积极的精神引领，培养本土文化认同感、自豪感和归属感，培养乡村学生建设家乡的责任感和使命感（刘万海，李倩，2024）。同时，由于乡村中普遍老龄化比较严重以及缺乏一定的文化经济产业，小学全科教师作为乡村社会的知识分子也应当担负起传承优秀乡村文化、引领文明价值观、帮助乡村适应社会进步的责任。应立足乡土社会与乡村教育环境，滋养乡村教师的"知—责—爱"，眼中不仅要有学生，更要能够容纳整个乡村社会，要站在乡村振兴的高度确立自己的理想追求和行动指南，开展教育教学工作。

当然，也必须正视大多数的乡村仍相对贫穷与落后，客观条件不如城市。一方面扎根乡村教育就是小学全科教师以一种一贯的意志，立足社会艰苦环境，为乡村带来文明、进步和希望。另一方面，国家的乡村振兴战略也初见成效，乡村的各方面条件和环境肉眼可见地得到提升。大多数小学全科教师在长期坚守乡村教育事业中逐渐形成健全的教师人格，获得职业归属感、获得感和幸福感。

五、结论

此次研究通过访谈法，对 30 名一线小学全科教师教育情怀的结构进行考察，得出以下结论：小学全科教师教育情怀由仁爱、认同、坚守 3 个成分构成，其中关爱学生、职业责任、职业价值、追求发展是被访者最多提及的，可以分别从仁爱、认同、坚守三个具体成分的视角提升小学全科教师的教育情怀水平。

第三节　中学班主任教师教育情怀结构成分的文本分析

上一节聚焦到小学阶段教师的教育情怀结构指标，但其他学段老师的教育情怀是否也是由仁爱、认同、坚守三个成分构成呢？为了弄清楚初中和高中老师的教育情怀结构要素，这一节我们选择了中学班主任教师这一代表性群体，通过分析编码这类在职教师的教育工作日志，并依托这些工作文本挖掘中学阶段教师教育情怀的结构成分。

一、问题提出

班主任制度作为中国特有的班级教育制度，在我国基础教育领域发挥着重要作用。班主任是教师中特殊的一个群体，在学校教育中扮演非常关键的角色。他们不仅承担着教学任务，更是学生日常生活和学习的引导者和管理者。这种工作的特殊的角色定位决定了班主任必须不断去接触和面对学生相关的所有教育教学事项。而承担中学班主任工作的教师，需要教育的对象是处于青春期的学生，这一时期学生具有情绪波动大、生理变化快、自我意识强、学业压力大等显著特点（林崇德，2018）。可以说，相比于其他学段的教师，中学班主任教师在教书育人过程中，可能面临更大的挑战，也需要更多作为内在动力的教育情怀支撑其专业发展和坚守岗位。那么这一群体的教育情怀表现，是否和其他学段教师有所不同？因此，探索中学班主任教师独特的教育情怀表现显得十分有意义。

以往教育界关于中学班主任这一群体的研究，主要集中在班级管理、工作负担、职业幸福感、心理健康、专业发展等方面。比如班级管理策略方面，周军（2023）考察了班主任班级管理中的陪伴策略，主张陪伴缺失会影响班级管理、学生成长和师生关系建构。又如工作负担方面，李秀萍（2023）基于核心素养的视角研究了班主任的工作负担，她认为要求全身心与现实无精力、要求深研究与工作浅表化、要求多变革与心理惰性之间的矛盾导致班主任负担的生成。张聪（2022）则发现了中小学班主任工作负担的现实表征，包括"任务缠绕""贴标签化""假性负担""孤军作战""无限责任"，并分析出导致这种深层困局的原因，系统建构了中小学班主任工作负担的防范机制。

在班主任的职业幸福感方面，张聪（2021）调查了新时代中小学班主任的职业幸福感，结果显示无边界的工作负荷、有限的津贴薪酬、"泛污名化"的社会声望以及复杂化的教育对象正深度影响着中小学班主任的职业幸福感。与这一广泛的影响因素调查结果不同，蒯义峰（2020）基于中国教育追踪调查数据的实证研究发现，影响班主任职业幸福感的关键不是工作总时间的长短，而是具体工作内容的时间，并且不同工作内容的时间对班主任职业幸福感的影响在性质上存在显著差异。

此外，班主任心理健康方面，最新一项关于中学班主任心理健康方面的元分析研究发现，在1998—2020年中学教师的心理健康问题整体呈上升趋势，而且初中教师、班主任教师和乡村教师心理健康问题更加严重，且随着年份增加而不断恶化（陈紫薇，于晓琪，俞国良，2024）。另一项研究基于对全国16166名班主任的问卷调查表明，"工作时间延长""事务性工作太多"在班主任的压力源中较为突出，班主任的身心健康状况值得关注（刘京翠，赵福江，2022）。

而班主任的专业发展方面，赵福江（2024）提出当前班主任研修课程变革面临着课程目标缺乏系统性、课程内容缺乏针对性、课程实施缺乏灵活性、课程评价缺乏科学性等现实困境。还有研究探讨了"双减"政策给班主任专业发展带来的变化，主要为：班主任需要面临更多的不适切资源、班主任专业发展的时间进一步减少、班主任专业发展的心理空间被进一步"破坏"，同时班主任具有更多的研修资源、班主任具有更多施展专业技能的机会、班主任具有更多增强专业认同的可能（周昱勤，孔祥渊，2024）。

由此可知，学界对中学班主任群体的研究成果有了一些有益的积淀，能够对过去班主任开展教育实践提供一些方向性的指引。然而，在促进学生全面发展的新教育形势下，班主任工作面临许多新问题和新挑战。教育情怀作为支撑中学班主任落实立德树人根本任务的重要精神力量，却很少有研究涉及和关注，更谈不上深入地解读中学班主任教育情怀的典型表现和主要成分。所以，本次研究拟通过深度分析班主任工作日志，关注该群体的教育情怀结构成分。

二、研究方法

（一）研究对象

本次研究采用方便抽样法，所选研究对象都是来自重庆市 7 所中学的班主任教师 20 人，每位教师的教龄均在 3 年以上，年龄介于 28—55 周岁之间，其中，男教师 6 人，女教师 14 人。这些班主任任教的学科主要有语文、数学、英语、物理、历史等学科，所教年级涉及从初一到高三全中学段，7 所中学分布在南岸区、江北区、高新区、北碚区、沙坪坝区、黔江区、涪陵区。

（二）研究工具

本次研究所使用的研究文本材料是参与研究的班主任所撰写的工作日志。虽然每个中学的工作日志样式有所差异，但都是用来记录班主任开展班级教育工作的过程与成果，其中主题班会、家访记录、特殊事件、反思总结是共同的部分。通过文字统计，20位班主任老师一周的工作日志大约4万字。

与本章前面几节的研究一致，针对上述文本材料，采用的分析工具依然是Nvivo质性分析软件，该软件能够帮助研究者将文字资料逐步梳理成可视化的结构模式图，也是近十年学界最流行的文本处理软件。

（三）数据处理

本次研究使用文本分析法对所收集的班主任日志进行系统分析，该方法属于非介入性研究，是一种在不影响研究对象的情况下对教育资料进行分析的方法。具体操作程序如下：第一步，逐字句分析日志内容，直接使用教师原始表达或初步概括教师描述进行开放式编码，共获得78个开放式编码结果，如理解学生、长远发展、家长配合、育人价值等；第二步，回顾每个开放式编码，根据编码内容所属的类别，对已有的开放式编码进行主轴式编码，共获得11个初级主轴式编码，如真诚热爱、坚持不懈等；第三步，逐一比较分析提炼11个初级主轴式编码，归纳出认同、热爱、坚韧三个次级主轴编码，从而抽象出1个核心式编码，即中学班主任教师教育情怀的结构成分。

三、研究结果

（一）开放式编码结果

针对所收集的班主任日志进行初步分析之后，得到了有关这些教师教育情怀的78个开放式编码，开放式编码结果节选如表2-4所示。表中最后一列，列举了班主任老师在日志中的一些原始话语描述。

表2-4 开放式编码结果节选

编码名称	材料来源	参考点数	参考点举例
理解学生	15	28	今天课堂上，ZL总是开小差，午休把她叫到办公室进行谈话，才知道她家亲人不在了，作为班主任老师，我该给她多一些理解和宽容。
长远发展	15	17	每一个学生都有独特的成长优势，作为班主任，我必须让他们眼光长远，不能被眼前的学习困难给压倒，本周主题班会就安排这个。
正面鼓励	14	18	这个阶段的学生已经面临很大的学习压力，遇到考试成绩不好时，不能打击他们了，我会给他们仔细讲解解题方法，并鼓励他们下次再战。
心理健康	12	16	班上有心理困扰的孩子越来越多，最棘手的问题是抑郁症，现在班上这个女生的表现越来越像抑郁的情况，需要和她家长沟通在家的情况。
家长配合	13	14	仅靠老师在学校给学生教导是不够的，家长在家里对孩子溺爱，好不容易建立的规则瞬间就失去了作用，LLC同学的情况就是这样，接下来要进一步做好这个同学的家校沟通工作。
爱生如子	9	10	WXY学生孤僻的性格和他家庭的现实情况有关，尤其是根据家访知道了父亲在外务工，母亲改嫁他人，只有奶奶管着她的生活起居，她需要像亲人一样的老师，与她和善地沟通。
处理冲突	14	16	LJF和CCY这周又发生了矛盾，虽然看起来这个起因是一件很小的事情，但他们之间的问题估计很久了，本着同学之间友爱的原则，还是得积极引导。
甘于奉献	14	15	以前周末是可以休息一天的，现在高三了，学生娃儿比以前懂事了很多，我们老师天天在学校陪他们也是应该的。
育人价值	10	16	到了高三，看到学生们起早贪黑地学习，心疼他们的同时也有些感动，就连平时不爱学习的娃儿都主动来办公室问问题了。
坚守一线	14	17	每当看到自己的娃儿没人管的时候，真想辞掉班主任工作，把时间空出来，但我们班几十个娃儿也需要我，关键时刻不能掉链子，坚持、加油。

（二）核心式编码和主轴式编码结果

表 2-5 呈现了中学班主任教师教育情怀的核心式编码和主轴式编码结果。其中，主轴式编码分成 11 个初级编码和 3 个次级编码。由表 2-5 可知，基于班主任工作日志的分析，中学班主任教师教育情怀由热爱、认同和坚韧三个成分构成。根据参考点数的多少排序，中学班主任教师教育情怀中热爱成分最多，其次是认同成分，再者是坚韧成分。

表 2-5 核心式编码和主轴式编码结果

核心式编码名称	主轴式编码名称		材料来源	参考点数
中学班主任教师教育情怀的结构	热爱	关爱学生	20	35
		热爱教育	16	24
		宽容学生	15	22
		理解学生	19	32
	认同	有价值	13	25
		有信念	9	14
		有成就	15	22
		有智慧	10	19
	坚韧	坚持不懈	17	28
		克服困难	15	24
		持续奉献	12	19

1. 热爱成分

研究结果显示，中学班主任教师教育情怀的热爱成分包括关爱学生、热爱教育、宽容学生、理解学生 4 个子节点。第一，关爱学生是每个班主任日志中都有体现的，参考点数也最多。J 姓老师在班主任日志中比较典型的描述如，"同学们的成长是我最愿意看到的，虽然有时候更多在意他们的学习成绩，对他们情绪感受的关心不够，日后加强对学生内在需求的关心"。其次是理解学生，19 位老师都提到了开展班主任工作要从学生的视角思考和分析问题，特别是期待成为"善解生意""与学生打成一片"的好老师。第三个子成分是宽容学生，被提及了 22 次，主要体现在班主任日志中的特殊事件描述上。有一位 C 姓老师描述："又是 WX 和其他同学发生矛盾，老师和同学们能原谅他很多次，但他性格如此冲动，以后走上社会是要吃亏的。"第四个子成分热爱教育，共有 16 位教师在班主任日志中直接或间接地表达出来，合计有 24 次。虽然少数班主任在日志中表达了自己从事这项工作的负面情绪，但他们依旧写下了自己热爱教育工作的言辞。

2. 认同成分

本次研究结果还显示，中学班主任教师教育情怀的认同成分蕴含 4 个"有"，根据参考点数的多寡依次是有价值、有成就、有智慧、有信念。首先，在这些班主任日志中，有 13 位老师认为自己从事的教书育人工作是有价值和意义的，比如 W 姓老师写道："目前像主题班会这种常规事务性工作看着很普通，但对学生的教育影响是长远的，很可能我的某句话就能让其终身受用。"其次就是有成就，中学班主任教师的教育情怀也表现为认同教书育人工作是有成就、有回报的。就像有个 Z 姓老师在日志中描写的："每当看到学生的行为有所改变，慢慢朝着好的方向发展，我都觉得付出是有回报的，满满的成就感油然而生。"认同成分中还包括有智慧，持这一观点的有 10 位老师，他们都在班主任日志中记录自己和学生斗智斗勇的教育故事，均反映出这些老师们长期从事教育事业，练就了高超的育人智慧。认同的第四个子成分是有信念，这一子成分共被提到了 14 次。有位 L 姓班主任在日志的反思中提到："一直以来我有自己的育人理念，我也相信只要一直贯彻为学生成长的职业信念，学生终将理解老师的教育行为，所以不管家长怎么焦虑和质疑，我都问心无愧。"

3. 坚韧成分

表 2-5 还提示，中学班主任教师教育情怀的坚韧成分中有坚持不懈、克服困难和持续奉献 3 个子成分。班主任日志中反映出的坚持不懈，主要是这些老师们在处理学困生相关的问题时，总是充满耐心和理解，坚持不放弃任何一个愿意改进的学生。克服困难这一子成分，被 15 位班主任提及了 24 次。比如，一位 Y 姓的班主任在日志反思部分中描写："我很希望班里的每个学生都长大成才，但是真的很难让每个学生都成为学霸，尤其是家长们的过分要求，有时候真是无能为力，但是高三这么重要的时刻，也只能硬着头皮带着学生们勇往直前。"此外，中学班主任教师教育情怀坚韧成分中的持续奉献成分，也被反映了 19 次之多。被分析的日志中，老师们没有直接写出自己是在奉献，但记录的事件、活动大多是其对所带班级学生时间、精力、情感、知识等多方面的奉献。就像某 T 姓班主任细致地写下了自己处理学生厌学事件的整个经过，其中有一段话写道："知道 DFL 的学习基础不好，我就在晚自习专门给她讲解不懂的题目，也告诉她一遍听不懂没关系，再来一遍，直到完全听懂为止。"

四、分析讨论

（一）中学教师教育情怀的三维结构

通过对中学班主任教师工作日志的文本分析，结果显示其教育情怀主要包括热爱、认同和坚韧三个成分。这一结果与本章第一节对师范生的教育情怀结构、第二节对小学全科教师的教育情怀结构研究结果高度一致，说明教育情怀的主要结构成分有着跨学段的一致性。

本次研究发现，中学班主任教师教育情怀最重要的成分是热爱，表明在中学班主任教师的心中，教育情怀是一种道德情感，表现为对学生发自内心的关爱，以及对教育事业的喜爱。这一成分也出现在了杨文领（2010）早期对班主任工作师爱的研究中，他认为师爱是做好班主任工作的前提，班主任只有发自内心地爱本职、爱学生，才能赢得学生的一片真情，才能成为学生的良师益友。类似地，史晓繁（2022）基于67位中小学优秀班主任传记的内容分析，也发现了班主任情怀是教师对班主任事业深沉、持久、难以割舍的情感，支撑着班主任在工作岗位上默默坚守、不断前进。班主任教师教育情怀之关爱也表现为施恩不图报、仁者爱人，特别是对学生、对事业、对人类充满着爱，以自己炽热的感情引导学生走向健康成长的康庄大道（夏海鹰，2024）。

值得注意的是，本次研究还得到了认同也是中学班主任教师教育情怀的主要成分，就意味着这种教育情怀中包含了中学班主任教师对自身教书育人职业的认同。这样的结果，与之前学者关于中学教师职业认同的研究有相通之处。例如，罗杰等（2014）对234名中学教师进行问卷调查，结果发现这些教师的职业认同对其情感承诺的预测作用显著，因此有较高职业认同感的教师有不断完善自身素质的强烈愿望和积极行动，以积极主动的心态在工作和生活中感悟教师职业的价值。又如，另一项调查研究表明，职初教师的职业认同感可预测教师生活满意度的发展轨迹，高水平的职业认同感会给教师开展教育教学工作带来幸福的体验（蔡冰心，褚莉丽，陈煦海，2024）。而且，本次研究中班主任教师教育情怀的表现之一为职业认同，也与现实中的中学教师工作状况吻合。一位厚植教育情怀的中学班主任教师，常常会认为自己从事的教育教学工作有很大的社会价值，秉持心有大我的教育理想和信念，拥有启智润心的育人智慧。

中学班主任教师教育情怀三维结构中的第三个成分是坚韧。这里的坚韧成分表现为遇到各种各样的现实困难时，仍旧坚守教书育人的岗位职责，不放弃见证任何一名所教学生成长的机会。这一成分很好地佐证了教育实践中这些班主任教师的工资薪酬、福利待遇和实际地位较低，但仍然有不少教师年复一年，无怨无悔地在教育园地上耕耘不辍。教育情怀中的坚韧成分使得中学班主任在热爱、认同的基础上坚定教育初心，进一步升华为职业执着。坚韧这个成分，比较接近教师性格因素中的心理韧性，成为广大教师群体在遭遇不利条件下依然保持留任意愿的重要内部因素。与之类似，雷万鹏和张子涵（2024）对乡村小规模学校教师留任意愿调查结果也显示，尽职尽责、善于调节自身情绪、心理韧性较高的乡村小规模学校教师更有可能留任，证实了个体人格因素是决定其愿意"留得住"的关键因素。还有另一项关于幼儿教师师德图像的研究表明，师德意志以心理韧性为支撑，教师只有具备顽强的意志力和不屈的韧性，才能在岗位上持续发光发热（于泽元，文炫，2023）。

（二）中学教师教育情怀三维结构的教育启示

1. 激发中学班主任教师的热爱之情

这项研究结果表明热爱是中学班主任教师教育情怀的主要成分，提示我们可以通过激发中学班主任教师的热爱之情来提升该群体的教育情怀水平。在本次研究中，热爱之情是教师对学生的宽容、理解和关爱，以及对中国教育事业的热情。根据行为主义的观点，可以通过正面强化的手段激发教师这种热爱之情。比如，教育管理者可以优化教师奖励制度设计，建立类似于乡村教师荣誉制度（张丽萍，马晓凤，2022）的班主任教师荣誉制度，或设立"立德树人奖"激励中学班主任教师成为"大先生"等。总之，就是以公平、公正的原则对教育领域中的班主任教师及其工作加以科学评定，从而形成一整套高效的班主任教师激励系统。特别要注意的是，班主任教师激励系统中的方式选择要重视发展性激励，淡化补偿性激励（高慧斌，2023）。

根据中共中央、国务院印发的《深化新时代教育评价改革总体方案》（中发〔2020〕30号），要求"完善中小学教师绩效考核办法，绩效工资分配向班主任倾斜，向教学一线和教育教学效果突出的教师倾斜"。在这样的评价制度导向下，牵引班主任教师将工作重心放在对学生的关爱、对学生成长的投入等育人方面，充分肯定班主任教师在教育活动中对每名学生的情感劳动，并将这类工作成效纳入班主任考核的绩效指标，逐渐改变以学业成绩作为班主任教师绩效关键评价指标的现状，在整个教育界营造以学生全面发展为中心的育人氛围，从而为中学班主任教师涵养教育情怀提供有利的外部环境。

2. 提升中学班主任教师的认同之感

认同之感也是本次研究中中学班主任教师的教育情怀成分，这启示我们可以通过提升中学班主任教师的职业认同感水平，从而帮助其彰显教育情怀。这里的认同之感，主要是中学班主任教师认同从事教师职业是有价值的、有成就的、有信念的、有智慧的。已有关于教师职业认同感的研究表明，教师职业的社会地位是影响该群体对教师职业价值、职业角色、职业效能认同度的最重要因素之一（程翠萍，2020）。根据马克斯·韦伯的社会分层理论,衡量教师职业在社会中的地位,可以依据三重标准,即财富——经济标准、权力——政治标准、声望——社会标准(甫玉龙,刘杰,鲁文静,2015)。因此,可以从提高教师职业的经济待遇、教育管理职权和社会美誉度三个角度,提升中学班主任教师对自身教书育人工作的认同之感。

　　一方面,中学班主任教师相比其他科任教师,承担更多的非教学工作任务和教育教学风险,学校理应为其提供更高水平的物质报酬,让其获得满意的经济收入。另一方面,在学校规章制度允许的范围内,学校应给予中学班主任教师更多的教育教学自主权,而且还需保障其参与学校管理部分决策的权益,促使中学班主任教师在学校体验到主人翁之感。此外,在人工智能时代,知识大爆炸让知识失去了神秘性,教师掌控知识的地位骤然下降,而且网络上针对教师职业的极端污名化事件的发生进一步消解了公众尊师的社会氛围,导致提升教师职业的社会美誉度显得非常必要。在此背景下,宣传部门应在抖音、小红书、快手等普通群众使用的现代媒体中,加大对优秀教师教育事迹的正面宣传和引导,建立尊师重教的网络舆论氛围。在以上三类措施的保障下,全方位提升教师职业的社会地位,进而培育和强化中学班主任教师教育情怀中的认同之感。

　　3. 锤炼中学班主任教师的坚韧之志

　　坚韧之志是本次研究发现的中学班主任教师教育情怀的第三个成分。这个成分涉及教师在面对各种不利条件和困难时,依然坚守教育初心,表现出百折不挠的意志品质。这一结果提示锤炼中学班主任教师的坚韧之志,也是提升该群体教育情怀水平的可行路径。然而,当前关于"教师给学生带小蜜蜂""教师在班级微信群发飙""家长做局举报教师收礼""学生暴打教师"等等伤害教师群体声望的负面事件频发，并在互联网上引起了热烈的关注和讨论，这些负面事件给一些在职班主任教师造成了不小的心理冲击。中学生正处于自我意识快速觉醒阶段，加上青春期生理变化，还面临各科学业难度陡增的状况，给中学班主任教师开展教书育人工作带来很大的挑战（林崇德，2018）。面对上述"内忧外患"的不利情况，中学班主任教师必须不断提升自己应对挫折和困境的心理资本。

利于形成坚韧之志的心理资本是指促进个体成长与绩效提升的各种积极心理能力的集合体，具体包含自我效能感、乐观、希望等维度（李嫣然，柳士彬，2024）。开发这些心理资本，是帮助中学班主任教师养成坚韧之志的重要手段。早有研究表明，在拥有自信、乐观、希望的积极情感时，中小学教师的注意力范围会变得开阔，他们会更多留意生活世界的美妙，而不是一味关注日常工作的辛劳和职业疾病的烦扰，对工作负担的感知力大大减少（王钢，张大均，2017）。所以，中学班主任教师有意识地保持积极的心理发展状态，为自己所做的情感劳动提供了相对稳定的正能量，也有助于缓解自身正在经历的负面情绪，从而更加坚定自己从事教书育人事业的志向，厚植终身从教的教育情怀。

五、研究结论

通过对 20 位中学教师的班主任工作日志的三级编码分析，得到了如下几条有关该群体教育情怀的研究结论：中学班主任教师的教育情怀由热爱、认同、坚韧三个主要成分构成，其中热爱成分占比最多，其次是认同成分，再次是坚韧成分，启示教育行政管理部门培养该群体的教育情怀应激发热爱之情、提升认同之感、锤炼坚韧之志。

第四节　儿童视角下乡村小学教师教育情怀的结构探索

前三节的研究都是从教师的本体角度考察教育情怀的结构成分,其教育对象是否会这样认为呢? 其感受到的教师教育情怀会不会有所差别? 因此,本节从儿童的视角,尝试探索了乡村小学教师教育情怀的结构成分。

一、研究背景

一直以来,在乡村社会都有一批具有教育情怀的小学教师,他们"留得住""教得好",以实际行动振兴乡村基础教育事业。乡村小学教师作为教师队伍的一分子,乡村教师的专业发展关乎教育事业的整体发展和教育现代化目标的实现,是推进乡村振兴战略、建设社会主义现代化强国、实现中华民族伟大复兴的重要力量。如今,中小学课堂教学实现由"知识本位"转向"素养本位",这一转型对教师的核心素养提出了更高的要求(朱宁波,崔慧丽,2018)。教育情怀是教师专业发展的根基,是教师专业追求过程中内在品质塑造的过程,也是教师核心素养的重要组成部分。教育情怀是乡村教师核心素养里不可缺少的一部分,是支撑乡村教师在偏远的岗位上坚守教育事业,帮助儿童完善人格、增长知识与提高公民素质的行动的永恒动力。

目前关于教育情怀的研究非常丰富,如本书第一章第一节内容所述,大致聚焦在教育情怀的定义、培育策略等方面。关于教育情怀定义的典型研究,如,行冬梅和方婧(2018)认为教育情怀是教师对于教育事业的一种个人情感,是一种崇高的精神力量,能够渗透到教师的职业生涯乃至生命历程中。关于教育情怀影响因素方面的研究，如，程翠萍和朱小蝶（2021）通过深度访谈，归纳了教育情怀的主要影响因素分别为政策环境因素、工作单位因素、教学对象因素、教师个体因素。而蔡其勇和首新（2024）抽取了北京、上海、江苏、广东四个省份的乡村教师调查数据，研究发现个体层面的"专业发展""职业追求意愿""教师合作"等因素，学校层面的"校长的领导力""家校合作"等因素，对乡村教师的乡村教育情怀有显著影响。最近关于教师教育情怀的培育策略，王萍和林利民（2024）基于教育现象学的研究论断，为师范生教育情怀的养成提供了新的视域。他们认为师范生涵养教育情怀需从四个方面入手：具身感知，丰富个体教育情怀的实践体验；文本写作，增强个体教育情怀的心理体验；学习榜样，激发个体教育情怀的情感升华；课程修习，厚植个体教育情怀的理论自觉。

虽然学界对教师教育情怀的研究迅猛发展，但站在儿童视角下研究教师群体的教育情怀则极少。而儿童作为教师的教育对象，在教学中占了重要的主体地位，所以探讨教师的教育情怀结构不能脱离儿童单独存在。教师必须尊重儿童，需要站在儿童的视角下领会教育情怀。基于此，本次研究立足于儿童视角，分析儿童视角下小学乡村教师教育情怀的成分，以便为寻找涵养乡村小学教师教育情怀的策略提供理论依据。

二、研究方法

（一）研究对象

本次研究采用半结构式访谈法。在重庆市酉阳土家族苗族自治县内 5 所小学中，采取目的性抽样法，分别从 1—6 年级抽取 6 名同学进行访谈，每个年级 3 名男生、3 名女生，共计 36 名儿童。这36名儿童最低年龄8岁,最高年龄14岁,平均年龄11岁,均为独生子女。

(二)研究工具

在本次访谈中,主要用到以下三种研究工具。第一,录音软件,用于访谈过程中的录音。第二,访谈提纲,主要用于访谈过程中的问题导向。提纲的核心问题有三个,分别是"你认为老师的教育情怀体现在哪些方面?""老师做出怎样的行为,会让你认为他/她是有教育情怀?""你认为没有教育情怀的老师会有哪些表现?"第三是Nvivo11.0质性分析软件,主要用于录音文本的编码、分析文本案例、结构理论的建构等工作。

(三)研究过程

1. 数据收集

在访谈之前,首先和访谈对象进行简要的日常沟通交流,了解儿童的基本信息,拉近彼此之间的距离,减少生疏感,然后说明本次访谈的目的和方式,以便更好地获取数据。征得受访儿童的同意后,进行录音。在正式访谈过程中,先给儿童解释什么是教育情怀,之后尽量用儿童能够理解的话语转换提纲中的核心问题,必要时根据访谈情况对预设问题进行重复、修改和细化,对儿童的回答进行追问,获取儿童对教育情怀更细致的看法。平均每名儿童的访谈时间长度约为5分钟,最终用了两周时间来完成所有访谈数据的收集。

2. 数据编码

通过翻译软件将各个访谈音频转为文本(节选见附录1),共获得36个文本,约有4万字。根据扎根理论的编码程序,依次进行整理、编码、分类、命名和理论建构。在最初的编码阶段,对每个文本进行逐字逐句的编码,在儿童视角下乡村小学教师教育情怀的结构问题上，共获得了管理班级、诚实、不贪财、换位思考、正确沟通、合理布置作业、教学方式新颖、解决学困问题、上课氛围、提高成绩、时间管理、合理奖惩、提高学生思想道德水平、尊重学生、热爱教学、热爱自己、喜爱学习、公平公正、乐观积极、耐心、温柔善良、认真负责等106个自由节点。在关联式编码阶段，根据自由节点之间的联系，寻找概括性更强的范畴，共选取"关爱学生、热爱学校、热爱教学、人格特质、思想品德、仪容仪表、专业知识、职业技能、职业期望、职业责任"10个关联式编码。在核心式编码阶段，梳理自由节点和关联式编码阶段共同反应的核心类别，最终确定能够串联各编码要点的核心编码有3个，分别是热爱、形象、认同。

3．信效度检验

编码一致性信度检验。选取5篇原始分析文本，邀请两位不同编码者再次进行编码，所得两者之间的编码信度为0.87，这表明编码结果达到了可接受的信度水平。在效度检验过程中，采用了原始资料检验法和反馈法进行访谈效度的检验。以自由节点名称为关键词，在原始文本中进行搜索。结果显示，绝大多数命名都来自原始文本，如"尊重学生""公平公正""认真负责""有耐心""热爱教育""喜欢孩子"等，这表明编码结果效度良好。以事后访问作为反馈法的检验，询问儿童对编码结果是否赞同，结果发现受访的儿童普遍赞同编码的结果，这也表明了编码结果的效度处于良好的水平。

三、研究结果

表2-6为根据36名儿童的访谈内容绘制的儿童视角下乡村小学教师教育情怀的结构表。从表中可以得知儿童视角下乡村

小学教师教育情怀的结构可以分为三大成分,分别是热爱、形象、认同。其中,材料来源代表参与访谈的人数,参考点代表该类别被提及的次数。

表2-6 儿童视角下乡村小学教师教育情怀的结构

编码类别 (核心类别／主要类别)	类别来源	
	材料来源	参考点
1. 热爱	33	101
1.1 关爱学生	33	87
1.2 热爱教学	9	10
1.3 热爱学校	4	4
2. 认同	29	79
2.1 职业技能	22	40
2.2 职业期望	12	20
2.3 专业知识	11	14
2.4 职业责任	5	5
3. 形象	27	60
3.1 人格特质	25	37
3.2 仪容仪表	16	21
3.3 思想品质	2	2

(一)儿童视角下乡村小学教师教育情怀的热爱成分

热爱被儿童提及的次数最多,到达了101次,教师的热爱包含关爱学生、热爱学校、热爱教学三个类别,其开放式编码材料来源数依次为33、9、4,编码参考点数依次为87、10、4。关爱学生可以继续细分为公平公正、认真负责、有耐心、尊重学生。公平公正被16名儿童提及20次,他们认为教师无论是在教学方面，还是处理班级事务时都要公平公正。15 名儿童提到了认真负责 18 次，其中有谈到"教师要认真对待每一节课，认真对待同学们"（GXY）。有耐心被 14 名儿童提及了 16 次，儿童描述的"是教师在儿童存在学习问题时要有耐心地解答，不要敷衍或者忽略学生"（HHX）。尊重学生被 5 名学生提及了 6 次，具体是指小学教师在处理学生矛盾的时候做到实事求是、有理有据，充分保护学生的自尊心，不得随意打骂体罚学生，不得偏袒其中一方，不得歧视成绩差的学生。对于热爱教学，儿童描述的是"教师对自己的岗位尽心尽责、甘为人梯"（GF）。4 名儿童提到了热爱学校，他们认为有教育情怀的教师要有一颗向往、热爱学校的初心。

（二）儿童视角下乡村小学教师教育情怀的认同成分

认同共被 29 名儿童提到了 79 次，具体包括了专业知识、职业技能、职业期望、职业责任 4 个类别，其开放式编码材料来源数依次为 11、22、12、5，编码参考点数依次为 20、40、14、5。其中专业知识分为了人文知识和学科知识。学科知识被 7 名儿童提及了 9 次，这 7 名儿童认为拥有教育情怀的教师会有广博的学科文化知识。人文知识被 4 名儿童提到了 5 次，具体指教师要有深厚的人文知识底蕴。访谈对话中有提到"教师的知识面要广"（HYF），"教师自身功底要硬，知识渊博"（LSC）。职业技能由班级教学能力、交流互动能力、共情能力、班级管理能力、时间管理能力 5 种类别构成。教学能力被 17 名儿童提及 20 次，其具体是指教师能够合理布置作业、有合理的奖惩方式、教学方式新颖、能够解决学困问题、可以提高学生成绩、上课有良好的氛围、教学语言抑扬顿挫等。交流互动能力被 9 名儿童提及 11 次，描述的是"教师有良好的沟通能力，能和同学们愉快地聊天"（LY）。共情能力被 4 名儿童提到了 4 次，他们认为教师要体谅学生的难处，能够站在学生的角度思考问题。班级管理能力被 3 名儿童提及了 3 次，其中提到了教师需要建设好班集体，管理好调皮捣蛋的同学。时间管理能力被提及 2 次，其是指教师要做好时间安排，不要因为自己的私事而占用学生的休息时间。职业期望包括提高儿童成绩、培养儿童品质、发展儿童爱好三个类别。提高儿童成绩被儿童提到了 7 次，儿童描述的是"教师要提高我们的分数"（WLC）。4 名儿童提到了培养儿童品质，他们认为拥有教育情怀的教师要正确引导儿童，培养儿童良好的思想品质。发展儿童爱好被 8 名儿童提及 9 次，描述的有"教师要培养学生的兴趣爱好"（XZY），具体是指教师要大力发掘儿童的兴趣爱好，支持并鼓励儿童发展，不能只注重儿童的分数成绩。职业责任具体包含敬业、有责任心两个类别。敬业被提到了 2 次，访谈对话中有谈到"一位有教育情怀的老师应该积极敬业，按时完成教学任务"（BYH）。有责任心被提及了 3 次，儿童描述的是"教师对工作要有一颗负责的心"（REC）。

（三）儿童视角下乡村小学教师教育情怀的形象成分

形象被 27 名儿童提到了 60 次，其中包括仪容仪表、思想品德和人格特质。16 名儿童提及仪容仪表 21 次。仪容仪表又可细分为穿衣打扮和教师颜值。10 名儿童提及穿衣打扮了 11 次，他们描述的是"老师衣冠要整齐，衣服要好看"（RB）、"衣品要在线"（CXQ）等。教师"颜值"被 9 名学生提及了 11 次，他们认为小学教师的教育情怀包括教师的身高、五官面貌。25 名儿童提及了人格特质 37 次，其中温柔善良被提及最多，达到了 20 次，严格被提及 7 次，幽默被提及 5 次，勤恳付出被提及 2 次，乐观积极被提及 2 次。儿童在访谈对话中分别表达的是"下课要温柔可亲"（XZX）、"老师要十分严格"（CX）、"上课要幽默"（GXY）、

"对待工作要勤恳付出"（CSQ）、"要有乐观积极的心态"（ZXT）。思想品德被儿童提到了2次，儿童认为教师要有良好的思想品质，在对话中有提到"教师要做到诚实"（XZY）。

四、分析与讨论

（一）儿童视角下乡村小学教师教育情怀的结构

根据36名儿童的访谈结果，使用格拉斯和斯特劳斯提出的扎根理论自下而上地归纳资料，构建了儿童视角下小学乡村教师教育情怀的结构。热爱、认同、形象3个核心要素共同组成了小学乡村教师的教育情怀。热爱包括关爱学生、热爱教学、热爱学校3个类别。形象由人格特质、思想品德、仪容仪表3个类别构成。认同包含专业知识、职业技能、职业期望、职业责任4个类别。

研究结果表明，热爱是乡村小学教师教育情怀最重要的成分。在以往对教育情怀的研究中，杨旭提到教育情怀是教育者对教育所产生的一种心灵状态，是一种持久、特殊、难以割舍的感情，这种感情源自对教育发自内心的、深沉的爱（杨旭，2019）。有研究者认为，教育情怀是教育者对教育事业产生的心境和情感依附，反映了教师对于教育的理解、热爱、忠诚和信念程度（刘炎欣，王向东，2018）。教师的热爱在其情感层面发挥着独特的作用，教育情怀离不开热爱，热爱就是乡村小学教师教育情怀的一部分。在儿童眼里，学者杨旭提到的那种难以割舍的感情就是乡村教师的热爱，它表现在了关爱学生、热爱教学、热爱学校三个方面。

大部分儿童在访谈中提到乡村教师对职业的认同属于教师的教育情怀。有学者提到一个人对教师职业的高度认同就是教育情怀（段宇辉，2019）。王波和鞠克亮（2020）将特殊教育情怀定义为教育者对特殊教育所持有的高度认同感、使命感和责任感，是教师从教和专业发展的源动力。大部分学者在对教育情怀的研究中都提到了认同。有研究表明，教师对职业的认同和行为会直接影响教师队伍的稳定性、教育的质量水平以及教育事业的发展（李淼洁，2019）。可见，认同成分是小学教师教育情怀不可缺少的成分。根据编码结果，儿童视角下的认同由专业知识、职业技能、职业期望、职业责任构成。其中，专业知识是认同的基础保障，广博的通用知识和学科知识是乡村教师教学、育人的基础。职业技能是认同的根本能力，是乡村教师对专业知识的延伸，也是所需要具备的专业素养之一。职业期望是乡村教师对儿童未来发展的美好憧憬，提供了教师乐此不疲的奋斗意义。职业责任是乡村教师对认同的外在表现，是教师履行的教学和育人责任。

在儿童视角下乡村小学教师教育情怀的结构中，形象是一个重要组成成分，其中了包括仪容仪表、人格特质、思想品德，这说明儿童眼中的教师形象不仅是外在的形象，也涉及了他们对教师职业内在的印象。《小学教育专业认证标准（第二级）》中提出了教育情怀的含义，其中提到"具有从教意愿，认同教师工作的意义和专业性，具有积极的情感、端正的态度、正确的价值观"。也有学者认为厚植教育情怀的教师是具有高尚的思想品质和崇高的理想的教师（荣宁，侯晓强，2020）。显然，人格特质和思想品德也属于教育情怀的一部分。而本次研究中儿童提到的仪容仪表这个子成分非常值得注意，访谈中儿童描述到干净整洁的面貌更能得到他们的青睐，他们认为保持端庄的仪容也是小学教师有教育情怀的表现。这一结果得到了陈柏华、林洋和严欣

（2023）研究中关于乡村好老师具有师表形象的支持。而且通过实践发现，随着儿童和教师长时间的相处以及儿童审美能力的萌芽，儿童格外注重教师的仪容仪表。仪容仪表、人格特质、思想品德这3个类别构成了儿童内心乡村教师教育情怀的形象成分。

（二）教育启示

1. 展现乡村小学教师的热爱和期望

在情感层面，儿童更多需要的是教师的关爱和支持。教师对儿童的情感支持是教师与学生以知识为载体的情感交互反馈的过程，这对提高学生的学习兴趣、促进学生自主学习、提升学习效能具有重要作用。在师生情感交互反馈的过程中，一位教师想要展现内心的热爱和期望，就需要做好课堂教学设计，营造良好的班级氛围，并且认识到学生的个体差异性。

对儿童的热爱还表现为教师做好每节课的教学设计。一堂课如何开始、如何收尾、如何突出重点难点、怎样收到事半功倍的教学效果，这都需要教师投入很大的精力。需要注意的是，儿童的注意力往往不能持续一节课，所以这要求教师自身要充满激情，课堂要充满活力，这样才能引起学生的兴趣、激起师生感情的共鸣。其次，根据访谈结果来看，温柔、幽默的教态，有利于拉近教师和学生的关系。在课堂上，教师要尽力做到因材施教，不是每一名学生都像老师预想得那么活泼聪明。一个不理智、暴躁的教师过分地批评和训斥只会拉开教师和学生的心理距离。儿童富于情感，其行为更多受情感的制约。而儿童的道德情感有一个从低到高、从浅入深的发展阶段，所以儿童不善于控制自己的情感，情绪容易发生变化。随着年级的升高，学生认知水平和思维水平进一步提高，其情感的稳定性品质会逐步增强（张光富，1998）。教师在小学低年级段任教时应该倾注更多的关爱和耐心,在小学中高年级段教学时,应保护儿童的自尊心和自信心,尊重每一名儿童的成长规律。

乡村小学教师要提高解决问题的能力,正确处理教学所遇到的问题。在教学班级遇到问题的时候,教师首先做到和学生沟通交流,了解事情原委,再选择合适的方法去处理问题,建立一个舒适的班集体。在学生个体遇到问题时,教师应该积极做深入的了解,站在儿童的视角上去思考问题,寻找合适的解决方案,及时地帮助儿童解决问题。每一个乡村教师都应该持有一颗关爱学生、热爱教学的心,教师培养一个孩子,不仅是要提高其学习成绩,更应该注重孩子的全面发展。

2. 注重乡村小学教师的自身形象

在儿童心目中,教师的形象也是教育情怀的重要组成部分。通过访谈发现,部分乡村中年男性教师不太注重自身的外貌形象,每天的穿搭较为随意。这往往会降低学生对教师的印象和学习兴趣。打扮漂亮、举止得体的女性教师更受儿童喜欢。这种现象的背后正是儿童审美能力的萌芽。儿童阶段是人生的第一阶段,其审美能力也在这个阶段逐渐形成与发展。儿童审美能力的发展不仅有利于其构建理想人格,也有助于其实现人生的完整性意义(朱芳慧,杨锋,2016)。教师从小要培养儿童的审美能力和正确的审美价值观念。对于如何改变教师的自身形象,可以通过做运动来塑造好的体型,同时根据自己的体型合理地搭配衣服,戴块手表、拿个手提包,使自身的穿着大方得体,从而塑造一个良好的教师形象。这样既保持了教师的风度气质,又能够凸显出教师的个人魅力。特别对于女性教师来说,一个合适的妆容能够增添更多的魅力。尽管一个人的性格很难改变,但是在日常生活中,儿童希望教师更多以一种温柔善良、乐观积极的性格出现。在课堂教学中，教师应努力做到"严慈相济"，让幽默和严格并存，在吸引儿童的同时也起到管教儿童的作用。

3. 提升乡村小学教师的职业认同感

一名优秀乡村教师理应对自身职业充满认同感。根据现有数据发现，约30%的新任教师在从事教学的两年时间内便离开学校（熊金菊，陶志琼，2008）。这种短时间内离职的现象说明了教师的职业认同水平不高，从而会对教师队伍的稳定性以及乡村教育的质量水平造成一定影响。乡村教师应明白从事教师职业的责任和信念，减小外界因素变化对自身带来的消极影响，增强自身的职业技能和专业知识水平，坚定为了教育事业而努力奋斗的信念。乡村教师在教学生涯里肯定会遇到许多意想不到的困难，内心必须对此有一个预期，提高自己的抗挫折能力，做到在教师职业中坚持下去，不忘自己的教育初心。乡村教师可以根据教学环境和自身需求，做好职业生涯规划，制定专属的人生计划。在课余时间，积极参加学校组织的各种教师技能大赛，在比赛中提高自己的职业技能，增强教师的职业效能感和自信心。教师可以通过阅读书籍来提升自己对乡村教育事业的归属感和责任感，真正做到从内心热爱乡村教育事业，这样教师的职业认同感水平也会相对较高。

五、研究结论

本次研究通过访谈法，以重庆市西阳土家族苗族自治县内多所小学选取的36名小学生为访谈对象，研究儿童视角下的小学乡村教师教育情怀的结构。研究结果表明：儿童认为乡村小学教师的教育情怀主要由热爱、形象、认同三大成分组成，热爱包括关爱学生、热爱教学、热爱学校3个类别，形象由人格特质、思想品德、仪容仪表 3 个类别构成，认同包含专业知识、职业技能、职业期望、职业责任 4 个类别。在乡村教师教育情怀的热爱成分中，关爱学生所占的比重最大，在形象成分里，人格特质所占的比重最大，在认同成分中，职业技能所占的比重最大。

第五节　新时代教师教育情怀评价工具设计

本章前四节从师范生、小学全科教师、中学班主任教师以及儿童的视角，探索了新时代不同教师群体教育情怀的结构指标。其中，热爱之情和认同之感两个成分是前面研究中共有的结构成分，坚守之志这个成分在前三个教师群体中都有出现，仅仅在基于儿童视角的小学教师教育情怀的研究中被忽略。究其原因，可能与处于小学阶段的儿童对其教师长期坚守教师岗位、是否有离职意愿、能否克服教育教学困难等工作内容不甚了了有关。所以综合前四节关于教师教育情怀的结构研究看来，本节的研究中我们认为新时代教师的教育情怀是教师对教育情境中的人、事、物抱有的正向持久而稳定的情感、态度、信念等构成的综合体。这个独特的综合体是多维结构，分别由热爱之情、认同之感和坚守之志三个主要要素构成，这三个成分分别对应了教育情怀的情感、认知和意志三个层面。

一、设计目的

为了给新时代教师的教育情怀下一个操作性的定义，这一节我们尝试根据之前确定的教师教育情怀的结构成分，按照教育评价表的设计流程和标准，设计出标准化的新时代教师教育情怀的评价工具。该工具可以为后续开展教师教育情怀的量化实证研究提供科学工具。

二、设计方法

根据朱德全和徐小容（2022）以及黄光扬（2022）主编的《教育测量与评价》中关于教育评价表的设计程序描述，可知设计《新时代教师教育情怀评价表》需要依次经历六个操作步骤，即确定评价的目标和对象、初拟教育情怀评价指标、筛选教育情怀评价指标、计算教育情怀指标权重、设计教育情怀评价标准、完善教育情怀评价表。而且，为保证制订的《新时代教师教育情怀评价表》科学、合理、可行，设计评价表的过程中必须遵循教育规律性和导向性原则、科学性和可操作性原则、超前性和发展性原则。

（一）确定评价的目标和对象

1. 设定评价目标

评价目标的设定是设计教育评价表的首要问题，即评价者要明白为什么评价，其意图何在；可以说，教育评价目标统领着整个教育评价方案的制订。本节研究设计的《新时代教师教育情怀评价表》主要用于给新时代教师的教育水平一个相对客观的量化判断，解决当前教师教育情怀研究无法量化的问题，设计的评价工具可为后续研究者开展各类教师的教育情怀研究所用。

2. 确定评价对象

确定评价对象是设计教育评价表不可或缺的一部分。根据后续研究实际需要，本节研究设计的《新时代教师教育情怀评价表》的评价对象是各个学段各学科的人民教师，包括职前教师（师范生），也包括在编在岗的教师、聘任合同制在岗教师、处于退休状态的教师。

（二）初拟教育情怀评价指标

初拟评价指标是将评价目标分解，使其具体化和可操作化，因此初拟指标的关键就是要有效分解评价目标。本节研究中，采用头脑风暴法初拟了教师教育情怀的评价指标。具体操作方法如下：就本章前四节对教师教育情怀结构探索的重要成分及其子成分，邀请12位不同年级职前教师和不同学段的在职教师以讨论会的方式，分别从热爱之情、认同之感和坚守之志三个维度发表自己对教育情怀指标的看法。研究者要求在头脑风暴过程中，每个参与者轻松自由、尽可能多地想出教师教育情怀的评价指标，但不得评价他人的观点，应促进彼此观点间的相互碰撞，相互激发灵感。在初拟指标阶段，一共获得了如关爱学生、理解家长、认同职业价值、认同教育智慧、坚持岗位、不离不弃等21个新时代教师教育情怀评价指标（如表2-7所示），分属于之前确定的三个维度。

表2-7 新时代教师教育情怀的初拟指标

一级指标	二级指标		
热爱之情	关爱学生	理解学生	理解家长
	包容学生	热爱教育	友爱同事
	喜欢学生	静待花开	尊重学生
认同之感	认同职业价值	认同教师角色	认同教育智慧
	认同职业成就	认同教师形象	认同教育手段
坚守之志	坚持岗位	不离不弃	百折不挠
	坚定信念	信守承诺	追求理想

（三）筛选教育情怀评价指标

初拟的教师教育情怀指标由于只侧重数量，往往会出现主次并存，重要指标与不重要指标交错存在，甚至有矛盾、互为因果关系等情况，所以这一步需要对初拟的 21 个教师教育情怀评价指标进行筛选。本节研究中，筛选评价指标通过调查统计法来完成。参与筛选指标的被调查者为另外 30 名人员，这些人员包括高校的教师教育者、中小学教育管理者、教育评价研究者、教育行政工作人员、教师进修学校的教研员等群体。具体操作步骤如下：（1）将 21 个教师教育情怀初拟评价指标做成 5 点李克特量表式的调查问卷，请被调查者对每个指标分别从"非常重要""重要""一般""可要可不要""不要"中选择一个进行判断；（2）回收调查问卷，统计每个指标被评为"非常重要""重要"的占比，两者占比低于四分之三的教师教育情怀评价指标被舍去；（3）整理保留占比超过四分之三的教师教育情怀评价指标，最终保留了 3个一级评价指标和 10 个二级评价指标。因此，筛选之后《新时代教师教育情怀评价表》的一级指标热爱之情的二级指标分别是仁爱之心、宽容之心、平和之心、尊重之心，一级指标认同之感的二级指标分别是职业价值、职业角色、职业效能，一级指标坚守之志的二级指标分别是职业信念、职业承诺、职业意愿。

（四）确定教育情怀指标权重

当教师教育情怀评价指标完全确定之后，严格依据各具体指标在整个指标体系中的地位、作用和对评价目标的贡献程度分配权重，指标权重系数记作 W。本节研究中，采用倍数比较法确定了教师教育情怀各级指标的权重。具体操作步骤如下：（1）经过6 名研究团队成员的集体讨论，确定同一级重要性程度最小的教师教育情怀指标，记作 1；（2）再将其他各个同级教师教育情怀评价指标与重要性程度最小指标进行比较，各二级评价指标重要性程度的倍数如表 2-8 所示；（3）再经归一化的处理，即用各指标权重倍数之和去除各指标权重倍数,计算各个层级教师教育情怀评价指标的权重。

一级指标具体操作方法如下:先确定热爱之情、认同之感和坚守之志三个指标权重倍数分别是 1.4、1.1、1,据此算出的一级指标权重系数为 $W_{热爱之情}$＝1.4/(1.4+1.1+1)＝0.4、$W_{认同之感}$＝1.1/(1.4+1.1+1)＝0.31、$W_{坚守之志}$＝1/(1.4+1.1+1)＝0.29。经四舍五入调整,热爱之情、认同之感和坚守之志的最终权重系数分别是 0.4、0.3、0.3。

二级指标具体计算方法如下:例如,仁爱之心这个二级指标,权重系数 W＝1.2/(1.2+1.1+1+1.1)＝0.27。为了后续研究方便,表 2-8 中二级指标最终权重系数为以整个评价表为考察单位的归一化处理结果,因此还是以二级指标仁爱之心为例,其最终权重系数 $W_{最终}$＝0.27×0.4＝0.108。

表 2-8　新时代教师教育情怀的指标权重

一级指标名称及最终权重系数	二级指标名称	二级指标权重倍数	二级指标初始权重系数	二级指标最终权重系数
热爱之情 0.4	仁爱之心	1.2	0.27	0.1
	宽容之心	1.1	0.25	0.1
	平和之心	1	0.23	0.1
	尊重之心	1.1	0.25	0.1
认同之感 0.3	职业价值	1.2	0.36	0.1
	职业角色	1.1	0.33	0.1
	职业效能	1	0.31	0.1
坚守之志 0.3	职业信念	1	0.32	0.1
	职业承诺	1.1	0.34	0.1
	职业意愿	1.1	0.34	0.1

（五）设计教育情怀评价标准

计算好权重之后，接下来就是给《新时代教师教育情怀评价表》制订评价标准。评价标准是指针对某个评价指标或项目，被评对象应达到什么程度或水平才合乎要求，它是衡量评价对象水平高低的准则，表现出具体化、行为化和可操作化的特点。本节研究中，制订评价标准的具体步骤包括：（1）分解 10 个教师教育情怀二级评价指标，形成 10 个具体观测点，如"我发自内心认同教师职业的崇高价值"，其他观测点描述见表 2-9 的第三列；（2）根据后续使用的便捷性和统计的科学性，为教师教育情怀评价表确定了五个评价等级；（3）确定标号和标度，《新时代教师教育情怀评价表》的标号和标度分别是 1. 非常不符合、2. 比较不符合、3. 一般、4. 比较符合、5. 非常符合。

（六）完善教育情怀评价表

为了便于使用，本节研究将上述新时代教师教育情怀的各级评价指标、指标权重、评价标准、观测点等内容编制成表格形式，并在最右侧补充了评价结果列，方便使用者填写评价得分，也把权重列转换成具体分值，详细见研究结果部分的表 2-9 所示。在《新时代教师教育情怀评价表》拟定后，本节研究还通过征询意见和试评，对这个教育评价表的观测点措辞进行了修改、充实和完善。比如，评价表初稿中的观测点"我一直对学生学习抱有仁爱之心"改成了"我一直对学生成长抱有仁爱之心"。经过完成修订，最终制订出了比较科学而又可行的《新时代教师教育情怀评价表》。

三、研究结果

经过标准化编制教育评价表的 6 个基本步骤，本节研究设计了一个相对科学的、可用于量化评价新时代教师教育情怀水平的评价表——《新时代教师教育情怀评价表》，完整内容如表 2-9 所示。该教育评价表包含 3 个一级指标，分别是热爱之情、认同之感和坚守之志，分别占比 30%、40% 和 30%。这 3 个一级指标又细分为仁爱之心、宽容之心、职业价值、职业意愿等 10 个二级指标，每个观测点都占比 10%。《新时代教师教育情怀评价表》的总分值为 100，每个观测点所在的题项为 10 分，评价标准中每个等级各占 2 分。

表 2-9　新时代教师教育情怀评价表

一级指标	二级指标	观测点	分值	评价标准	评价得分
认同之感	职业价值	我发自内心认同教师职业的崇高价值。	10	1. 非常不符合 2. 比较不符合 3. 一般 4. 比较符合 5. 非常符合	
	职业角色	我从心底里认同教师教书育人的职业角色。	10	1. 非常不符合 2. 比较不符合 3. 一般 4. 比较符合 5. 非常符合	
	职业效能	我发自肺腑认同教师教育教学的职业效能。	10	1. 非常不符合 2. 比较不符合 3. 一般 4. 比较符合 5. 非常符合	
热爱之情	仁爱之心	我一直对学生成长抱有仁爱之心。	10	1. 非常不符合 2. 比较不符合 3. 一般 4. 比较符合 5. 非常符合	
	宽容之心	我总是对学生犯错持有宽容之心。	10	1. 非常不符合 2. 比较不符合 3. 一般 4. 比较符合 5. 非常符合	
	平和之心	我始终对学生反馈疑难充满耐心。	10	1. 非常不符合 2. 比较不符合 3. 一般 4. 比较符合 5. 非常符合	
	尊重之心	我经常对学生人格保持尊重。	10	1. 非常不符合 2. 比较不符合 3. 一般 4. 比较符合 5. 非常符合	
坚守之志	职业信念	我发自内心坚持从教的职业信念。	10	1. 非常不符合 2. 比较不符合 3. 一般 4. 比较符合 5. 非常符合	
	职业承诺	我自主肩负教师的职业责任。	10	1. 非常不符合 2. 比较不符合 3. 一般 4. 比较符合 5. 非常符合	
	职业意愿	我由衷坚定长期从教的职业意愿。	10	1. 非常不符合 2. 比较不符合 3. 一般 4. 比较符合 5. 非常符合	

四、分析讨论

（一）新时代教师教育情怀评价表的质量分析

本节研究所编制的《新时代教师教育情怀评价表》严格遵循教育评价表的设计流程，从各类教师群体的教育情怀结构探索，到教师教育情怀指标体系构建，都充分保证该教育情怀评价表的科学性。在教育情怀评价表设计的全过程，做了如下工作保障此评价工具的质量。

1. 理论构想具有实践和理论支持

本节研究通过前期跨群体实证研究，衍生出恰当的教育情怀结构的理论构想。在设计评价指标的过程中，采纳的一级指标构想是立足于本书第二章关于乡村小学教师、师范生、中学班主任、小学儿童等多视角的实证调查结果，为理论构想的合理性提供了实践保障。同时，这个理论构想中的热爱之情、认同之感和坚守之志三个一级指标，也得到了前人不少研究的支持。比如，姚炎昕和雷江华（2023）在给教育情怀下定义时，就提到教师的情怀是对教育职业的认同和热爱。也有研究者认为教育情怀是教育品质、职业认同、专业素养的集合体（蔡其勇，首新，2024）。前人关于教育情怀研究中出现的相似成分，为本节研究的三个一级指标提供了理论支撑。

2. 观测点描述契合教育文件内容

本节研究开发的教师教育情怀评价表中共有10个二级指标以及与之对应的观测点描述，这些二级指标及其观测点的核心关键词有不少与教育部下发的相关文件高度契合。比如，二级指标仁爱之心与观测点描述的"长期从教"等描述，就出自习近平总书记2014年9月提出的关于四有好老师的要求，以及2021年8

月中共中央、国务院出台的关于《弘扬教育家精神加强新时代高素质专业化教师队伍建设的意见》的文件。这说明《新时代教师教育情怀评价表》很大程度上反映了当前国家层面对新时代教师教育情怀的客观要求，能够比较合理地评价社会主义制度下的我国教师教育情怀的基本样态。由此推断，这个教师教育情怀评价表具有鲜明的政策支持特征。

3. 试用版通过小规模评估实践检验

为进一步验证这个教师教育情怀评价表的可行性，本节研究将试用版的评价表进行了小规模的评估实践。根据试用对象的口头反馈，该评价表操作简单、各个条目的描述均比较清楚，能够比较容易地区分。此外，评估实践中借鉴其他评价指标研究方法（张辉蓉，李东香，2023），邀请试用对象对每个观测点的准确性、适宜性、完备性、可靠性进行5级评分。结果显示，《新时代教师教育情怀评价表》在上述四个方面的平均分都高于4.5，说明该教师教育情怀评价表描述准确、长度适宜、内容完备和结果可靠，初步通过了评价表的试用检验，基本达到了良好教育评价表的编制标准。

（二）新时代教师教育情怀评价表的应用前景

上述经过初步检验的《新时代教师教育情怀评价表》，其测评指标体系有利于丰富新时代教师教育情怀测评研究，能够为我国各类教师群体教育情怀评估提供理论支撑与实践依据。这一成果可以应用到师范专业认证、新进教师入职选拔以及教师职称评聘考核等现实领域。

1. 助力师范专业认证的教育情怀指标分解

自从2017年10月，教育部关于印发《普通高等学校师范类专业认证实施办法（暂行）》的通知（教师〔2017〕13号），正式启动普通高等学校师范类专业认证工作，一直持续至今。但对不同类型教育的专业认证标准，教育情怀指标的要求是师范生具有从教意愿，认同教师工作的意义和专业性，具有积极的情感、端正的态度、正确的价值观；具有人文底蕴和科学精神，尊重学生人格，富有爱心、责任心、事业心，工作细心、耐心，做学生锤炼品格、学习知识、创新思维、奉献祖国的引路人。可见，文件中只有文字性的描述，缺少操作性的界定。因此本节研究设计的《新时代教师教育情怀评价表》可以为师范专业的毕业要求提供易于分解的量化指标，也为师范专业人才培养和课程教学计算达成度报告提供科学划分的依据。

2. 成为新进教师入职选拔的师德师风考核工具

本节研究设计的《新时代教师教育情怀评价表》也可以用于教师入职在师德师风方面的量化考评。过去我国在教育实践当中，一些没有教师专业情感、并非发自内心热爱教育事业的人也有可能依靠特殊的短期培训和应试技巧，而顺利通过各级各类教师资格考试。这类教育知识与技能速成的教师群体，在教育实践中往往表现出机械化、程序化、任务化、功利化的工作倾向，决定命运的成绩、异化的试题答案、被压迫的面孔等成为屡见不鲜的校园风景（王超，2014）。这类教师大多缺少学生中心的教育信念，进入教育一线开展教育教学工作，很难保证其能完成落实立德树人方针的任务。而教育部等七部门印发《关于加强和改进新时代师德师风建设的意见》（教师〔2019〕10号）的通知，明确指出师德师风是新时代教师选拔的第一标准。因此，使用一个比较科学、容易操作的师德师风测评工具进行必要的筛选，可以从源头把控以使更有教育情怀、更愿意投身教育事业的个体进入新时代教师队伍。

3. 优化教师职称评聘、评优奖励的量化评价依据

除了以上两个领域，本节研究编制的《新时代教师教育情怀评价表》还可以用于优化在职教师职称评聘、评优奖励的评价依据。长期以来，在职教师的职称晋升、先进评选、职务聘任等评价工作，非常看重教师所教学生的学业成绩、教学获奖、论文发表、课题立项、学历文凭等指标，存在"唯分数""唯论文"等不良倾向。然后，对影响教师安心从教、专业发展水平的动力性因素——教育情怀疏于考量，这与教育情怀无法量化评价有关。有了这个评价工具，可以将教育情怀这一重要指标纳入新时代教师职称评聘、评优奖励的评价指标体系，而且还能客观、量化地表征教育情怀的水平。如此，《新时代教师教育情怀评价表》可逐渐成为科学公正地评价新时代教师的情感劳动的重要标尺。

（三）研究不足与展望

虽然研究过程中，研究团队用了多种手段竭力提升评价表的质量，整个设计过程遵循了教育评价表的设计流程，指标描述明确、权重相对均衡、评价标准清楚，但不可避免仍有未考虑到的影响因素，可能制约《新时代教师教育情怀评价表》的信度和效度。首先，有些遗憾在前期的结构探索阶段，从覆盖全学段的角度，缺少了幼儿教师、高校教师以及退休教师教育情怀结构实证研究的支持，导致评价表后续使用的范围可能会有所限制。下一步研究在教师教育情怀评价表使用中，在幼儿教师、高校教师以及退休教师三类群体中进行测试，并检核评价表使用的效果。其次，评价指标权重的计算可以联合多种方法，更加科学合理地确定各级指标的重要程度。后续研究将使用层次分析法（郑智勇，宋乃庆，2023），拟定10个二级指标的权重，并与倍数比较法的结果进行综合考量，得到更加符合教育规律的权重系数。再次，

教育评价表设计过程的尾声，只对评价表进行了一次修订测试，可能还存在一些未被发现的不妥之处。未来研究将在更大范围内使用该教育情怀评价表，并结合访谈的形式了解评价者的使用感受，更准确地评价新时代教师教育情怀的真实水平。

五、研究结论

在本章前几节对教育情怀结构模型分析的基础上，本节研究设计了一个《新时代教师教育情怀评价表》。该教师教育情怀评价表包含认同之感、热爱之情和坚守之志三个维度，作为一级指标，权重分别是 30%、40% 和 30%。其中认同包含职业价值、职业角色、职业效能 3 个二级指标，热爱包含仁爱、宽容、耐心和尊重 4 个二级指标，坚守包含职业信念、职业承诺、职业意愿 3 个二级指标。该教师教育情怀评价表具有较好的信度和效度，可实现对新时代教师的教育情怀水平的量化描述。

本章小结

第二章我们从师范生、乡村小学教师、中学班主任教师、小学儿童等多个视角对新时代教师教育情怀的结构成分进行了深入探索，得到了比较一致的内在结构模型，即热爱之情、认同之感和坚守之志共同组成了教师的教育情怀。这一章在萃取了教师教育情怀三维结构的基础上，还设计了一个包含 10 个题项、5 点计分的教育情怀评价表，这个量化评价工具为下一步新时代教师教育情怀的影响因素探索提供了重要保障。

第三章　新时代教师教育情怀的影响因素

　　新时代教师教育情怀的形成，是一个系统性、循环渐进、长期实践的过程。这个过程不仅受教师个体内在的因素影响，也需要适宜环境的滋养。我们在上一章系统揭示了新时代教师教育情怀的结构要素，并设计了可靠的评价工具，为本章利用量化手段寻找影响新时代教师教育情怀水平的因素提供了工具支持。接下来，本章将结合质性访谈、教育叙事、个案分析、工具调查四种手段深入考察新时代教师教育情怀的具体影响因素。

第一节　何以安心从教：师范生教育情怀的影响因素

　　《教育部关于实施卓越教师培养计划 2.0 的意见》（教师〔2018〕13 号）明确要求，培养造就一批"教育情怀深厚"的新时代教师。而职前教育是教师教育情怀养成的重要阶段，也是教师形成从教意愿，认同教师工作的意义和专业性，形成积极情感的必由之路。教育情怀对教师个人而言，是专业发展必备的基础素养，对学生来说承载着润泽学生身心成长的崇高任务，对国家来说承载着民族的未来和希望（行冬梅，方婧，2018）。

一、研究缘起

师范生作为一名准教师，其教育情怀不仅是对于教育事业的热爱和奉献，更重要的是在教育实践中所体现出来的为人师者精深的业务能力，强烈的事业心、进取心和责任心以及关爱每个学生、教育每个学生的恒心。因此，考察师范生教育情怀的基本形态及其影响因素显得尤为重要。

目前，学术界关于教育情怀的研究侧重于教育情怀的内涵、教育情怀的重要性以及教育情怀的培养策略这三个方面。首先，在教育情怀的内涵上，段宇辉（2019）认为一个人对教师职业的高度认同就是教育情怀，另一位学者魏宏聚（2013）则认为教育情怀是成为教育家的核心价值品质。其次，在教育情怀的重要性上，比较典型的研究是刘炎欣和罗昱（2019）认为教育情怀决定着广大教师的专业成长和专业发展。最后，学者们在教育情怀培养策略上有着不同的研究结论。例如，韩延伦和刘若谷（2018）发现加强教师教育情怀的培养，需要有"尊师重教"的文化资源和心理环境、目标明确的情怀教育以及教师自育自建的主体自觉。而张克龙和苏香妹（2020）则从爱心驱动、课堂驱动以及文化驱动三个方面，提出了培育教师的教育心怀、胸怀和情怀的可行策略。还有，高汝伟（2018）则结合苏霍姆林斯基的情感教育观，针对师范生乡村教育情怀，提出体察爱与责任、激发求知与创造的信念、理解崇高信念三条培养策略。

从已有研究可以看出，学术界关于教育情怀的研究论述仍处于起步阶段。在研究内容上，以往研究涉及的教师的教育情怀内涵、重要性以及教育情怀培养策略的具体内容较为丰富，但对于师范生教育情怀的现状及教育情怀影响因素，还没有一个系统、深入、全面的研究。在研究对象上,教育情怀研究较多集中于在职教师群体,对师范生群体的教育情怀研究较少,尤其缺乏对师范生教育情怀的研究。经历过教育实践的部分师范生表现出从教意愿由高到低、工作态度由端正逐渐到不端正、工作情感由积极到消极、工作由一开始的细心、耐心到粗心及缺乏耐心等一系列变化,则正显示出其教育情怀出现了起伏现象。鉴于此,本节研究以师范生为突破口,调查其教育情怀的现状,找出其教育情怀的影响因素,在此基础上提出相关建议以提升师范生的教育情怀。

二、研究方法

（一）研究对象

采用方便抽样法,从重庆市某师范高校选取 32 名不同年级的师范生作为研究对象。其中,男生 7 人、女生 25 人,一到四年级各 8 人。年龄区间为 18—20 岁的人数为 10 人,在 20—22 岁年龄区间的有 20 人,2 人处于 22—25 岁的年龄区间,所有受访者的平均年龄约为 21 岁。

（二）研究工具

本次访谈主要用到以下三种研究工具。其一,智能手机,用于访谈全程的精准录音。其二,访谈提纲,用于支持访谈过程的主题导向,主要涵盖"您认为自己目前的教育情怀有多少分?""您认为影响到您的教育情怀的社会因素有哪些?""您认为影响到您的教育情怀的学校因素有哪些?""您认为影响到您的教育情怀的学生因素有哪些?""您认为影响到您的教育情怀的个人因素有哪些?"等问题。其三,Nvivo 8.0 质性分析软件,用于转录文字的编码分析、理论萃取与建构、效度检核等工作。

（三）研究程序

1. 数据收集

访谈之前，访谈员先向每位受访者简要说明本次研究的目的和谈话方式。访谈实施中，征得受访者同意后全过程同步录音，必要时访谈员根据实际情况对预设问题适当细化、转述或追问，尽量获取更多关于师范生教育情怀影响因素的信息。32 名访谈对象的平均访谈时间长度为 16.79 分钟，完成全部数据收集的时间跨度约为一个月。

2. 数据编码

将每个访谈录音转为文字，共获得 32 个文本，约 14 万字（访谈逐字稿节段见附录 2）。参考前人运用扎根理论的编码程序，依次进行整理、编码、分类、命名和理论建构（程翠萍，江兴智，孙梦阳，2019）。开放式编码阶段，研究者不遵循任何理论框架逐字逐句进行编码，共获得教育情怀现状自评、社会群体、国家对教育的重视程度、薪资待遇、同事上下级关系、工作环境、教学资源和教学设备；对教师的喜爱程度、学习态度端正与否、学业成绩；对教育事业的热爱程度、自身专业能力、榜样等影响因素 46 个自由节点。关联式编码阶段，根据自由节点之间的联系，寻找概括性更强的范畴，共抽取"薪资待遇、工作条件、学习态度、自身专业能力"等 17 个关联式编码。核心式编码阶段，梳理开放式和关联式编码共同反映的核心类别，最终确定能够串联各编码要点的核心编码 4 个，即政策环境因素、工作单位因素、教学对象因素、教师个体因素。

3. 效度检验

借鉴之前的访谈研究效度检验方法，采用原始资料检验法、反馈法进行本次研究访谈效度的检验（程翠萍，田振华，2020）。

以自由节点名称为关键词，在原始文本中进行搜索，发现绝大多数命名来自原始资料，如"社会群体""薪资待遇""同事关系""自身专业能力"等，表明编码结果效度良好。以事后访问作为反馈法的检验，询问受访者编码结果是否认同，结果发现受访者普遍认同编码结果，同时表明编码结果效度良好。

三、研究结果

（一）师范生教育情怀的现状

表 3-1 为师范生教育情怀自评分数分布统计情况。结果显示，32 名师范生分别对自己当前的教育情怀进行自评，满分 7 分，最低分 1 分。从表中可以看出 22 名师范生认为自己当前的教育情怀较高，占比 68.75%；8 名师范生认为自己当前的教育情怀属于中等水平，占比 25%；2 名师范生认为自己当前的教育情怀较低，占比 6.25%。总体来看，教育情怀现状平均分为 4.28 分，略大于总平均值 4 分，表明 32 名师范生当前的教育情怀处于中等水平。

表 3-1　师范生教育情怀自评分数分布情况

教育情怀自评分数	分数来源	
	材料来源 / 个	参考点 / 个
6 分	10	10
5 分	12	12
4 分	8	8
3 分	1	1
2 分	1	1

（二）师范生教育情怀的影响因素

在筛选分析完所有的访谈资料后，最后得到了 4 个核心类别编码，分别是政策环境因素、工作单位因素、教学对象因素、教师个体因素，详见表 3-2。其中，材料来源代表参与访谈的人数，参考点代表某个观点提及的次数。

表 3-2　师范生教育情怀的影响因素

核心式编码（核心类别）	关联式编码（次级类别）	类别来源	
		材料来源 / 个	参考点 / 个
政策环境因素	薪资待遇	27	27
	教育改革	16	16
	楷模力量	29	31
	社会支持	30	46
工作单位因素	工作任务	16	16
	同事关系	23	23
	工作条件	22	24
	管理制度	22	22
教学对象因素	情感倾向	27	34
	学习成效	20	24
	学习态度	29	37
	人格特征	18	19
	家庭情况	26	28
教师个体因素	专业能力	24	25
	身体状况	10	10
	职业信念	27	28
	性格倾向	15	15

1. 政策环境因素

由表 3-2 可知，师范生教育情怀的政策环境影响因素由薪资待遇、教育改革、楷模力量、社会支持 4 个类别构成，共被提及 120 次。访谈结果显示，27 名师范生提及薪资待遇会对其教育情怀产生影响，其中有谈到"教师的收益和地位提高，对待工作的热情会有提升"（LZ）。教育改革被 16 名师范生所提及，其具体是指课程负荷的增大、工作强度的提高影响到教育情怀。共有 29 名师范生提到了 31 次楷模力量，其是指小学教师、中学教师、大学教师以及一些教育家们对他们教育情怀的影响，例如"内心崇拜的具有浓厚教育情怀的教师，会激励自己的教育情怀"（CXC）。30 名师范生 46 次提及社会支持，其中包含社会群体对教师职业的认可、国家和政府对教育的重视程度、家庭的支持，这几个子因素都会影响到教育情怀。

2. 工作单位因素

师范生教育情怀的工作单位影响因素共被提及 85 次，包含工作任务、同事关系、工作条件以及管理制度 4 个类别。工作任务被 16 名师范生提及，学校对教师的要求太高和"施加一些无意义的工作任务"（LSY）都会对教育情怀产生影响。同事关系被 23 名师范生提及，描述的是小学的同事关系、领导关系相处不佳容易影响到教学积极性。除此之外，有受访者直白表示，"在面对新老教师评职称而受到不公平的待遇时，不仅打消教学积极性，还会不知道怎么相处"（TJX）。工作条件被 22 名师范生提及 24 次，其中提到了农村小学的伙食还有住宿条件都会对教育情怀产生影响，小学教学资源和教学设备不齐全也会影响到自己的教学热情。22 名师范生提及学校管理制度，描述的是"学校的一些制度是否认同"（PJJ），强制性的管理制度易打消对待工作的热情。

3. 教学对象因素

影响师范生教育情怀的教学对象因素，也就是学生因素，由5个类别构成，包含情感倾向、学习成效、学习态度、人格特征以及家庭情况，共被提及142次。情感倾向被27名师范生提及34次，其中包含着学生对教师的喜爱程度、学生是否尊重教师。描述的是"学生越喜欢、越尊重自己，对教学会越热情，越积极"（HSS）。20名师范生认为学生的学习成效会对教育情怀产生影响，共被提及24次。其中包含学业成绩以及学生现有知识水平，谈到"学生的学业成绩体现了自己努力后的回报，学业成绩提高，教育情怀会有提升"（CXC），"学生获取知识的速度越快，获取的知识越多，教学就会越有激情"（WJH）。学生的学习态度被29名师范生提及37次，其中提到学生的课堂纪律和对待学习的态度。描述的是"课堂上好动，不服从管教"（ZEJ）以及"课堂注意力不集中"（WJH）会浪费时间管理，不仅影响教学效率，也很容易导致缺乏耐心。还有对待学习的态度不认真也会影响到教学积极性。人格特征被提及19次，描述的是"太过活泼性格的学生"（DHF）以及"学生本身脾气古怪"（HSS）往往会很难管理，容易缺乏耐心。学生的家庭情况被26名师范生提及28次，他们认为学生家长的不配合、不理解、不尊重会直接打消对教学的积极性。学生家庭情况不同，受到的教育也就不一样，这样会花费更多的时间，会消磨掉自己的细心和耐心，容易导致产生消极的工作信念。

4. 教师个体因素

师范生教育情怀的教师个体影响因素由专业能力、职业信念、身体状况以及性格倾向4个类别组成，共被提及118次。24名师范生认为自身专业能力会对教育情怀产生影响，描述的有

"自己的教学方法不够恰当"（LSY）以及"对学科知识的把握程度不够牢固"（YYH），从而缺乏对工作的热情。身体状况被提及10次，他们认为身体状况不好会导致对教学感到力不从心，影响到教学进度，从而逐渐缺乏对教学的积极性。职业信念被27名师范生提及28次，具体体现为对教育事业的热爱、内心对小孩子的喜爱、个人所需成就感。他们认为对教育事业的喜爱和自己对教师职业的认同都会对教育情怀有影响。其中，有受访者提到"自己越喜欢小孩子，内心对教育事业就会愈加热爱"（YJJ）。"如果在工作中让学生的学习态度由不端正转变为端正，这个转变过程和结果很有成就感"（YYD），由此提升对教育工作的积极性。性格倾向被15名师范生提到，他们认为孤僻、内向的性格会导致在教学中逐渐缺乏热情。反之，开朗活泼的性格在教学过程中会逐渐增强对工作的热情。

四、讨论分析

（一）师范生教育情怀的水平

本节研究发现接受访谈的师范生的教育情怀现状处于中等水平。这一结果与前人预测当前师范生虽然在师范院校的培养下教育教学技能显著提升，但对即将从事的教师职业还未形成积极的态度，教育情感有所缺失（何雪玲，2014），比较相似。导致师范生教育情怀水平不高的原因可能来自学生个体和培养高校两个方面。其中，学生个体方面的因素主要是专业选择趋于外部动机。本次研究通过访谈发现，部分受访者并非源自热爱教育事业这一内部动机而选择就读师范专业。比如，有受访者表示选择专业都是由于毕业后有稳定工作，认为教师职业只是一个谋生的手段，并不是出自对教师这个职业的喜爱；也有受访者表示选择定向全科专业，是基于专业不收学费，从而减轻家庭负担，在报考专业时缺乏对教师职业的正确认识。而培养高校方面，迫于当前的就业压力和工具理性的藩篱，从而过分重视师范生基本的教学技能和教学理论的教育，忽视了师范生教育情怀的培养，这是导致教育情怀水平中等的重要原因。

（二）师范生教育情怀影响因素的研究启示

师范生作为未来的人民教师，肩负着教书育人的责任，提升其教育情怀水平有助于温润其教育初心，支撑其专业发展。基于本次研究中师范生教育情怀的影响因素，从政策环境、工作单位、教学对象、教师个体4个角度回答如何让师范生安心从教。

1. 提高教师薪资待遇和社会认可度，树立师德楷模典范

社会因素中提及最多的为薪资待遇和社会支持以及楷模力量。《中华人民共和国教师法》规定教师平均工资水平要不低于甚至高于当地公务员的平均工资水平。由此，教师对薪资待遇的期望值比较高。而师范生即将作为教师走上岗位，如果对薪资待遇的期望值没得到满足，则会导致教学热情降低。为此，提高薪资待遇有利于师范生教育情怀的提升。社会支持中提及最多的因素是社会群体对教师的评价。受访者表示社会群体对教师的看法、评价以及教师的社会地位都会影响到教育情怀。鉴于此，提高教师职业的社会认可度能促进师范生教育情怀的提升。一个楷模能够起带头作用，强大的楷模力量能带动更多的人提高。本次研究中，有受访者表示"内心崇拜的有着浓厚教育情怀的教师，会激励自己的教育情怀"（CXC）。因此，树立师德楷模典范，能够提升师范生的教育情怀。

2. 优化工作任务和教学条件，创设和谐的工作氛围

通过访谈发现，经历过教育实践以及有过教师兼职经历的师

范生表示工作任务太多，学校吃住条件和基础设施设备不够完善，同事、上下级相处中的不愉快以及学校过于强硬的管理制度都会使其教育情怀有下降的趋势。而事实上，不同学校有着各自的教育体制和办学理念，学校间存在着竞争，从而会有学校为了学校荣誉，给教师施加工作任务的情况，尤其是新教师，而师范生都要经过新教师的阶段。因此，适当优化工作任务在教育情怀的提升上有积极的作用。随着国家对教育事业的越发重视，农村地区学校的吃住环境和基础设施已经有了很大的改善。但农村偏远地区学校还是存在着住宿条件不够好和缺乏教学资源的情况。师范生一开始步入岗位就有极大可能处在偏远地区，有受访者表示吃住条件太差和缺少教学资源使他们不能进行正常的教学，从而打消教学积极性。因此，改善农村偏远地区学校的住宿条件和基础教学设施能提升其教育情怀。进入工作岗位，同事、上下级的相处就是师范生面临的一大难题。受访者表示"关系户"、不公平待遇、新老教师之间的相处往往是导致关系僵硬的主要原因。故此，创设一个公平、轻松和谐的工作氛围对师范生教育情怀有促进作用。

3. 培养学生良好的学习态度，加强师生间情感沟通

教育教学工作中，学生是整个教育教学的中心，是学习的主体。师范生作为即将上任的准教师，是学生学习的引导者和促进者，但学生表现出一副爱学不学、对学习不上心的态度往往会降低教学的积极性。反之，学生表现出端正、积极主动的学习态度则会增进教学热情，从而提升教育情怀。早有研究表明，采取恰当的教学策略能培养学生积极、正确的学习态度（刘海燕，尹国玉，郑海斌，2005）。基于此，教师需要学习多种教学策略，并能够采取恰当的教学策略来培养学生正确积极的学习态度。通过

访谈发现,学生是否尊重、对教师的喜爱程度都会对师范生教育情怀产生影响。有受访者表示在教育实践中会遇到学生对新教师不尊重、不听从新教师教导的行为,这导致新教师要花费更多时间在管理学生上。在管教学生的基础上还要不忘怎样取得学生的喜爱而感到身疲力竭,从而降低对教学的热情。为此,加强学生与教师之间心与心的沟通来提高学生对教师的喜爱,以培养学生懂礼貌的习惯让学生懂得尊重教师,都会提升师范生的教育情怀。

4. 增强师范生的专业能力和职业信念

专业能力是教师专业素质的外在表现,也是能够体现教师教学效率的一部分。专业能力越强,教学效率也就越高,从而在教学中体验到成就感,增强对教学的信心。因此,增强师范生自身专业能力,其中不只是指提高对各学科知识的把握程度,也包括所有教学工作和班主任工作。在教学中做到得心应手,提升教学质量,以此增加对教学工作的热情,提升教育情怀。本次研究还发现,受访者对教师职业的信念体现在对教育事业的兴趣和热爱程度上,热爱程度越高,教育情怀也就越高。也有受访者提及大学的培养和教育会使其对教师职业有新的认识。鉴于此,师范院校亟须优化师范生教育情怀的养成体系,以此来增强其对教育事业的职业信念,从而促进教育情怀的提升。

五、结论

本节研究通过访谈法,对 32 名师范生教育情怀现状及影响因素进行考察,得出以下结论:师范生当前的教育情怀现状处于中等水平;影响师范生教育情怀的因素包含政策环境、工作单位、教学对象、教师个体 4 个方面,其中最主要的影响因素有社会支持、薪资待遇、楷模力量、职业信念、学生学习态度以及情感倾向。鉴于此,提高教师薪资待遇和社会认可度,树立师德楷模典范;优化工作任务和教学条件,创设和谐的工作氛围;培养学生良好的学习态度,加强师生间的沟通以及增强师范生的专业能力和职业信念是提升师范生教育情怀的四种可行的途径。

第二节 叙事视角下乡村小学教师的教育情怀影响因素

本章上一节结合访谈数据分析,探讨了作为准教师的师范生教育情怀的影响因素,这些因素大致归属于政策环境、工作单位、教学对象、教师个体 4 种类型。这一节将关注在职的乡村小学教师群体,从教育叙事的视角,结合他们亲身经历的典型教育故事,走进乡村小学教师的真实工作场域,挖掘影响该群体教育情怀的主要因素。

一、问题提出

乡村小学教师的教育情怀,作为温润其教育初心的动力之源,是持续支撑其专业发展的第一要素,对其追求教育的生命意义、落实立德树人根本任务、投身乡村教育振兴具有重要作用。然而现实中"教师不断逃离乡村""教人羡慕奢华、看不起务农"成为乡村教育之痛,根治乡村小学教师队伍建设痛点的处方在于全面提高乡村小学教师的教育情怀水平。乡村小学教师只有情怀深厚,才能自愿投身于乡村教育事业,回应"让每个乡村孩子都能接受公平、有质量的教育"的期待。因此,深入研究新时代乡村小学教师的教育情怀对稳定乡村师资队伍具有重大意义。

如本书第一章中关于教育情怀的综述所写，学界以往关于教师教育情怀的研究尚处于起步阶段，研究成果集中在内涵阐释、典型表现、功能价值和培育策略四大领域。首先，教育情怀的内涵研究大致分为内在情愫说、精神动力说、核心素养说。其次，教育情怀的典型表现研究大多通过剖析著名教育家的职业发展历程而获得。再次，教育情怀的功能价值研究主要围绕坚守逆境、提升职业幸福感、彰显教师专业精神展开。此外，教育情怀的培育策略研究分别立足文化存在论、教育现象学、具身认知理论等视角提出。

由此可见，以往研究取得了一些非常有益的成果。但是从研究内容上看，研究聚焦上述四个领域，并未回答不同教师群体的教育情怀是如何形成的、受哪些因素影响等重要问题。从研究方法上看，这个四个领域的研究成果，大多是通过研究者的经验思辨而形成的，基于实证数据资料的研究成果非常少见。从研究对象上看，大多是针对整个教师群体的广义探讨，缺少对乡村小学教师等特殊教师群体的深耕探索。从研究视角来看，研究者大多立足于过往成熟教师的教育情怀分析，忽视了对人工智能时代的未来教师教育情怀的深度考察。因此，本节研究采用叙事研究法，通过收集并分析典型的教育故事，初步探究乡村小学教师教育情怀的形成机理，在此基础上提出适合人工智能时代的未来乡村小学教师教育情怀提升的具体路径。

二、研究方法

教育叙事研究是一种研究教育领域的方法论，它以叙事的方式探究个体的经验、情感与理解，能够帮助研究者在分析教育叙事材料过程中对个体的行为和经验形成深入细致的理解（温忠麟，2017）。本节研究根据傅敏和田慧生（2008）推荐的教育叙事研究程序，具体包括确定叙事主题、选择研究对象、收集叙事文本、重构教育故事、提炼故事类属5个研究步骤。在此基础上，开展了比较规范的叙事研究。

（一）确定具体主题

本节研究的第一步确定了需要探索的具体研究问题，即新时代乡村小学教师教育情怀的形成机理，并将其细化成"乡村小学教师教育情怀形成包含哪些阶段"和"乡村小学教师教育情怀形成受哪些因素影响""这些影响因素之间存在怎样的交互作用"三个主要的子问题。

（二）选择研究个体

本节研究的第二步，以目的抽样方式确定了本次研究的个体。研究人员按照采集数据方便和研究主题能够提供丰富信息的原则，选择了来自重庆市12个区县的32位乡村小学教师作为叙事主体，其详细信息见表3-3。由表可知，叙事主体都是教龄在5年以内的新时代乡村小学教师，其教育情怀正处于形成与发展过程中，利于探索教育情怀的形成机理。

表3-3　叙事主体基本信息表

序号	姓名	性别	年龄	所属区县	获校级奖次数
1	CGJ	女	27	黔江区	4
2	DHM	女	25	开州区	3
3	DLF	女	26	丰都县	3
4	DSL	女	25	开州区	5
5	FQC	女	25	彭水县	3
6	GL	男	27	酉阳县	1
7	HYM	女	25	云阳县	2

续表

序号	姓名	性别	年龄	所属区县	获校级奖次数
8	HW	女	26	开州区	5
9	HQ	女	25	綦江区	1
10	HJ1	女	28	彭水县	4
11	HJ2	女	26	奉节县	1
12	HL1	女	26	彭水县	4
13	HL2	女	25	彭水县	3
14	QJY	男	26	丰都县	3
15	LG	男	26	梁平区	5
16	LS	女	26	黔江区	3
17	LMF	女	24	开州区	1
18	LDD	女	25	綦江区	3
19	MRZ	女	26	奉节县	1
20	MZW	男	27	奉节县	7
21	PN	女	27	奉节县	5
22	QX	女	25	綦江区	2
23	RYH	女	26	彭水县	1
24	SXJ	女	26	开州区	3
25	TYT	女	26	彭水县	5
26	TLS	男	27	梁平县	6
27	WXX	男	25	云阳县	2
28	XW	女	28	黔江区	4
29	XDJ	男	26	丰都县	2
30	YXQ	女	26	开州区	2
31	YCH	女	25	丰都县	1
32	ZCF	女	25	奉节县	3

（三）收集现场文本

本节研究的第三步，研究团队走进乡村小学现场对上述小学教师的教育教学活动进行观察、记录，同时搜集他们的教育故事文本资料。在这个过程中，研究人员对部分乡村小学教师进行了访谈，并查阅了其撰写的日常教学反思，初步了解其对教师教育情怀内涵的看法，并补充收集一些与教育情怀相关的故事细节，比如当时的心理感受、行为变化、事后的情绪等。

（四）重构教育故事

本节研究的第四步，研究团队将已经收集来的教育事件记录写成原始故事，之后逐一进行编码，并重新讲述故事。重新讲述和撰写故事是教育叙事研究中具有挑战性且至关重要的一环。研究团队成员先后还原的教育叙事文本有 32 个，大约 50000 字。之后，根据奥勒莱萨提出的组织故事元素的叙事结构（张琼，张广君，2012），研究成员将每个故事按照背景、人物、活动、问题和解答五个方面进行了编码（部分编码结果见附录 3）。然后，利用这些基本元素重写乡村小学教师们的教育故事。

（五）提炼故事类属

上一步的编码完成了一个故事的重新讲述，在这一步研究者面临的主要问题是如何处理多个重新讲述的故事之间的关系。所以在这一步的研究中，需要提炼这些用于重新讲述故事所包含的主题或类属。本次研究的团队成员秉持归纳思路，运用扎根理论的研究方法，将反映同类主题的故事归纳出类属，从而确定故事里发展出来的主要思想，即从这些故事归纳乡村小学教师教育情怀的主要表现、形成阶段、影响因素。完成上述五个步骤后，便可开始撰写教育情怀叙事结果文本，供后续的编码分析。

三、研究结果

（一）新时代乡村小学教师教育情怀的主要表现

1. 坚定不移地扎根乡村

在这些乡村小学教师的教育叙事中，其教育情怀的首要表现是"坚定不移地扎根乡村"。具体而言，对于乡村教育的振兴，他们愿意用自己美好的青春奉献教育事业，而且认同自身将长期在乡村从教的职业路径和角色，给乡村儿童带去温暖和希望。在故事中，有教师直接表示，"义无反顾地坚守和扎根在乡村，帮助孩子们腾空飞翔，这样的青春才是真的不负芳华。身为他们的老师，我就得对得起自己的良心！"（HYM）也有像D老师那样表达，愿意"继续站在三尺讲台上，继续扎根基础教育，给乡村孩子带来爱与温暖"（DLF）。还有C老师提到自己的小学教师的示范作用，"希望有一天自己也能像小时候教自己的老师一样站上三尺讲台，给乡村里的孩子们带去知识和温暖"（CGJ）。而且，在《最重要的牵挂》故事中，乡村教师提到"坚定、踏实地走好自己的从教之路，将乡村教育事业进行到底！"（LDD）

2. 义不容辞地承担责任

本次研究中乡村小学教师教育情怀的另一个主要表现是他们义不容辞地承担责任。故事中的乡村教师们展现出了自己肩负教育乡村儿童的责任，不仅在学校教育教学工作方面踏实、努力，还奉献自己工作之外的时间关照留守儿童，为孩子们点亮指明未来方向的心灯。来自酉阳的G老师在《做孩子们心中的护旗手》故事中讲道："深感责任在肩，义不容辞，一定会兢兢业业、一丝不苟地干好工作，决定用心、负责地去教育、照顾自己班级里的这67个孩了。"（GL）另　位I I老师深情地写道："三尺讲台，上慕圣贤，下育菁华，既然选择了教育事业，就必须心怀'工匠精神'，用心投入教学、用情对待学生，认真解决教学中的每一个问题，做好学生学习的引路人，拧好小学生成长道路上的每一个螺丝钉。"（HQ）

3. 毫无保留地赤诚热爱

教育是爱的事业，没有爱就没有教育。所以，在32个教育故事中都出现的情感就是乡村小学教师对学生毫无保留的赤诚热爱，这也是这些教师教育情怀的主要表现。这种真诚热爱既包括以学生为主，关注班上的每一名学生，发现并赞美每个学生的闪光点；也体现为营造有爱的班级氛围，绝不会放弃任何让孩子们飞翔的机会。比如，有教师提到"教书育人就是要以学生为本，德育为先，一个有'爱'的班集体能让孩子感受到家的温暖，从而滋养一个孩子向上的品德，这也是我一直在打造和维持团结向上班集体的出发点和落脚点"（TYT）。又如，"每当自己看到班里的孩子面对自己时童真的笑脸、学习成绩的慢慢进步和两只对知识渴望的眼睛，内心就总会生出幸福感和满足感，深深觉得自己已经爱上了这些孩子"（HL1）。

（二）新时代乡村小学教师教育情怀的形成阶段

通过对32位乡村小学教师的教育叙事分析可知，其教育情怀是一个从无到有、由外而内的自我建构和逐渐提升的过程。根据教育心理学中社会规范习得过程的发展规律（张大均，2015），本次研究发现乡村小学教师的教育情怀形成大致经历了虚拟关注、体验升华和内化信奉三个阶段，而且该群体的教育情怀在不同阶段表现出各自的差异化的特征，如图3-1所示。

1. 教育情怀的虚拟关注阶段

在这些乡村小学教师的叙事中，他们对教育情怀的初步感知

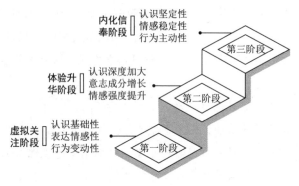

图 3-1　新时代乡村小学教师教育情怀的形成阶段

源自师范生阶段，在本次研究中被称为虚拟关注阶段。这个阶段的准教师，通过教育实习、实践对小学真实的教育教学工作有了比较感性的认识，这些认识更多是基于现象表层的观摩所得。根据对叙事主体的现场访谈结果，他们描述自己在师范生阶段的教育情怀是能够关爱小学生、发自内心热爱小学教育事业，认同小学教师所具有的职业责任和崇高价值，坚定长期从教理想和追求职业发展的愿望（ZCF）。同时他们还认为，自己在虚拟关注阶段对教育情怀的认识很懵懂，更多是对学生的情感性的期望，很容易受高校任课教师和实习学校带教老师的影响（YXQ）。由此可知，这个时候的乡村小学教师的教育情怀具有认识基础性、表达情感性、行为不稳定性等特征。

2. 教育情怀的体验升华阶段

乡村小学教师投入工作的第一年到第六年，对小学教育教学工作有了深入的感知，形成了真切的教育情怀体验，在本次研究中被称为体验升华阶段。收集到的教育叙事主要是这个阶段的乡村小学教师故事。如前所述，本次叙事研究中的乡村小学教师表现出坚定不移地扎根乡村、义不容辞地承担责任和毫无保留地赤诚热爱。在收集教育故事的现场访谈中，乡村小学教师表示自己是在参与实际的教育教学工作后，才真正认识到自己有教育情怀的模样，也体会到为人师表、教育之爱的真谛（YCH）。所以，处于这个阶段的乡村小学教师教育情怀具有意志成分比重增加、情感活动程度变高、认识深度加大等主要特点。

3. 教育情怀的内化信奉阶段

乡村小学教师工作满六年之后，大多都面临婚恋生育、购房安家的生活压力，也可能因为教学效果未达到自己的预期、非教学任务过重而逐渐进入教师职业的倦怠期（王振宏，2022）。在这种情境下，依然能坚守乡村小学教师的教育教学岗位，表明此时这类教师的教育情怀已经进入内化信奉阶段。可见，乡村小学教师的教育情怀已然成为其工作价值观一部分，出于本能般地爱学生、爱教育、爱乡村是乡村小学教师长期从事小学教育工作的精神内核，表现出认识坚定性、情感稳定性、行为主动性等特征。

（三）新时代乡村小学教师教育情怀的影响因素

本节研究的教育叙事中，还提到了一些影响新时代乡村小学教师教育情怀的因素。这些因素大致分成三类，一类因素来自小学生，另一类因素则来自工作单位，还有一类因素是教师个体因素。

1. 学生因素

这些乡村小学教师在叙事中提到，自己愿意长期留在乡村小学任教，其中最重要的原因就是他们对小学儿童成长发展的迷恋，他们为自己所教小学儿童的认知、人格与社会性、品德发展感到自豪。例如，某老师的教育故事写道："看到孩子们渴望的眼神，我就知道自己无法割舍这份情感；见证孩子们的进步，是我工作最快乐的事情。"（HW）因此，小学生的学习态度和成效、师生之间的情感关系是影响其教育情怀水平的重要因素。在他们看来，小学生越是热爱学习，表现出对知识的强烈渴望，充分信任、依赖老师，甚至像亲人般爱戴老师、信任老师，越让他们深感自身肩负的责任重大，这种责任感牵引着这些乡村小学教师为学生们带去改变命运的希望。

2. 学校因素

除了来自学生的外部力量，学校融洽的同事关系和相对宽松的管理制度也是制约乡村小学教师教育情怀的外部因素。在不同的教育叙事中，乡村小学教师都提到自己初来乡村小学，受到不少前辈的关照和帮扶，他们称其为"师傅"，师傅不仅在工作中提供友善的指导，还会照顾徒弟的生活需要，师徒之间相处非常融洽，这种充满关爱的同事关系利于乡村小学教师教育情怀的生长。就如某女教师在故事中提道："我的师傅就是我从教的引路人，她对教书育人工作的严谨和投入态度，深深地感染着我，今后要以她为教育之路上的奋斗榜样。"（DHM）而且相比于城区的小学，乡村小学教师数量较少，约束性的管理条文相对宽松，教师的教育教学自主权和决策权较大，能够将个性化的教育教学思想付诸教育实践，体验自主推行的教育改革带来的职业效能感和成就感。如此优良的工作氛围，也有益于强化这些乡村小学教师的教育情怀。

3. 教师因素

在解读32个教育故事的过程中，可以体会到文字背后的叙述者具有一些共同的特点，即这些乡村小学教师始终都表现出强烈的职业信念和职业效能，支撑其为教育事业奋斗终身的崇高情怀。特别是在他们入职之初，站稳讲台、教育学生、生存适应等多重困难并存，主要依靠着立德树人的职业信念，以及逐渐增强的教育教学能力，才能在相对落后的外部条件下坚持不懈地克服各种困难，砥砺热爱、尽责、坚守的教育情怀。正如有乡村小学老师在自己的教育故事中写道的："入职乡村小学这么几年，觉得有一股莫名的力量会支撑我，特别是在刚入职就同时遇到几个棘手难题的时候，那种信念的力量总会提醒我不怕困难，在乡村学校一定坚持下去。"(TYT)

四、分析和讨论

通过对上述 32 个教育故事的分析，得到了乡村小学教师教育情怀的主要表现、形成阶段和影响因素，这为探讨如何提升该群体的教育情怀水平指明了可行的思考方向。接下来，将根据这些影响因素，提出不同阶段的乡村小学教师教育情怀的培养—提升—践行策略。

（一）虚拟关注阶段的培养策略

虽然乡村小学教师在教育叙事中没有提及虚拟关注阶段的影响因素，但是这一时期是他们教育情怀的萌芽期，对乡村小学教师下一阶段教育情怀的形成具有重要的意义。因此，师范院校达成教育情怀这一毕业要求的人才培养工作是不容忽视的，结合本书第二章相关研究成果，我们提出以下涵养乡村小学教师教育情怀的可行建议。

1. 教师以身立教，给师范生树立良好的榜样示范

示范性是乡村教师劳动的最重要特点之一，乡村小学教师自身的师德情怀、教育教学知识与能力就是师范生学习的直接榜样。因此，乡村小学教师要时刻注意严于律己，以身立教，乐教爱生，努力成为教育情怀的传播者、缔造者，不断弘扬中国特有

的教育家精神（王炳林，曹雨萌，2024）。具体而言，教师以身立教，在课前—课中—课后全过程都应给师范生树立良好的榜样示范。

第一，在走进课堂之前，承担师范生培养任务的高校教师（又称"教师教育者"）要认真备好课，汲取学科前沿的新知识、新理论、新思想和新技能，用心做好规范的、创新的、适宜的教学设计，给学生以敬业精神、严谨治学的行为示范（吴叶林，徐涵，高凌希，2023）。第二，在真实的课堂教学中，教师教育者要注意自身的教学仪态，采用恰当的教学语言和教学方式手段，成为师范生学习专业知识与技能的榜样。课堂上教师还可以播放优秀教师的课堂教学录像和班级管理经验课例，让师范生有与特级教师、模范班主任等优秀的一线教师隔空对话、交流的机会，增强师范生的教育使命感和荣誉感。第三，课程结束以后，教师教育者也要注意自己的言行举止，处理好家庭、工作的关系。在学生需要时，教师教育者应主动帮助师范生解决学习和生活方面的困扰，与师范生保持高尚、真挚的师生情感联系，向其示范教师教育者应具有的仁爱之心和甘于奉献的精神（张志平，2006）。

2. 营造尊师重教校园文化氛围，增强历史浸润与现实引领

首先，通过加强校园教师教育物质文化建设，增加师范生教育情怀的历史浸润，从而发挥学校教育场景的熏陶作用。比如，在校园显著的位置竖立孔子、陶行知等教育家塑像，在各教学楼道走廊和教室墙壁悬挂教育名家肖像、教育名言警句等（丁雅琳，2023），设计打造百年纪念大楼以彰显师德教育文化，从历史维度让师范生感受教师教育与国家、民族的命运的密切关系，从而陶冶师范生的为国育才、为人民而教的家国情怀。

其次，丰富校训、校歌、办学理念、办学特色、专业理念、专

业愿景、专业目标等高校教师教育精神文化，以及拜师礼、送教仪式、荣休仪式、师德标兵评选制度等制度文化的内涵，用以对师范生教育情怀进行现实引领（许家盘，李如密，2024）。同时，邀请奋战教学的教育一线"优秀教师""教书育人楷模""优秀校友""最美教师"等鲜活人物进课堂，以他们的典型事迹开办名师大讲堂，引导师范生深刻理解并自觉实践和遵从该行业的职业精神、职业规范，并帮助师范生感受一线优秀教师教书育人的不易与艰辛，以及体会见证小学生成长的欣慰与快乐，从小学生成长中体悟到自身生命的价值与意义所在。

（二）体验升华阶段的提升策略

乡村小学教师在体验升华阶段，教育情怀的认知、情感和意志成分日渐增强、有机组合，是该群体教育情怀的发展期。如前所述，学生投入因素、学校前辈因素和教师信念因素共同影响了乡村小学教师教育情怀的水平，所以接下来从这三个视角提出相应的提升策略。

1. 关注小学生学习成效，构建和谐的师生关系

本次研究发现，小学生的学习成效、与教师的情感关系是影响乡村小学教师教育情怀的重要因素。这启示新时代乡村小学教师在实际工作中可以通过关注小学生学习成效、构建和谐的师生关系，以提升自身的教育情怀水平。过去的研究表明，构建和谐的师生关系，的确有助于学生加大对学业的投入，进而激发教师的积极情绪（谭丽苹，李晴，郭成，2022）。具体来说，新时代乡村小学教师应树立"为理解而教"的教学理念，采用学生中心的教学模式，借助互联网＋教育技术手段，从而促进小学生学习成效的切实提升（郭晓艳，李松林，2023）。在传统教育实践中，一些老师从输入端开始思考教学，即从固定的教材、擅长的教法

开始思考教学——只关注自己的"教"，而不是学生的"学"，这样的教学设计难以达到预期的教学效果。事实上，学习不只是接受性学习，更应该建构理解，体验应用。在"为理解而教"的理念指导下，乡村小学教师应以学生为中心，采用逆向设计的教学思路，先弄清楚"学生应该知道什么、学生需要理解什么、学生能够做什么"，再精心设计适合学生发展需要的学习体验活动，促进学生高水平自我卷入进行深度学习。

另外，和谐师生关系的建立离不开教师对学生的无条件的积极关注和设身处地的共情。已有研究表明，低年级的小学生具有很强的向师性，他们对教师充满了敬爱和崇拜（舒尔茨，2009）；随着年龄的增长，高年级小学生逐渐发现教师并非完美的，会产生一定程度的质疑。因此，教师要充分把握好其向师性的特点，及时建立认知和情感上的信任地位。在与小学生交往过程中，站在他们的立场思考问题，对他们付以温暖、喜欢、尊敬、同情、认可等情感，形成有教育温度的师生关系。

2. 制定人性化的管理制度，打造互助共赢的教学团队

本次教育叙事中，乡村小学教师提到自己供职的学校氛围对其教育情怀有较大的影响，这种氛围主要由管理制度和同事关系两个因素构成。这一结果提示乡村小学的管理者可以利用人性化的管理制度，打造互助共赢的教学团队，实现新时代乡村小学教师教育情怀水平的提升。就人性化的学校管理制度而言，其主要功能在于规范教师在学校场所中的教育教学行为。比如，教研制度是我国课程教学改革的重要支撑力量，它以名师工作坊、师徒结对、研讨会、公开课、讲座以及制度化的校本教研等丰富多彩的形式，对教师开展分类分科分层系统培训，以发挥对教师终身专业发展的支持作用（朱永新，2024）。但这些管理制度不能

剥夺乡村小学教师开展教育教学活动的自主权,更不能成为这些教师进行教学创新路上的绊脚石。学校管理者在进行制度设计时,充分调研乡村小学教师的实际需求,在尊重乡村小学教师利益的前提下制定合理的管理制度,让人性化的关怀浸润在制度之中。

同时,依托利于经验传承的认知学徒制,打造互助共赢的乡村小学教师学习和研究共同体。乡村学校管理者应在每个新教师踏上工作岗位时,配备一位师德高尚、教学技能精湛的资深教师进行指导,以结对子、点对点帮扶、跨界"共生体"等形式促进新进乡村小学教师在教学和研究方面的快速成长。而且,越来越多的乡村教师在学校管理者的支持下,开始走出固定不变的角色,通过轮岗、挂职、支教、教育援建和校企合作等方式,进入"跨界"的学习与工作状态(汪明帅,卓玉婷,陈青松,2023)。值得注意的是,学校管理者在对主动提供帮扶的资深教师和青年乡村教师提供必要的保障时,保障措施既包括荣誉表彰,也要有一定的物质奖励,要使其切实感受到自己劳有所获,而不能仅仅依靠外部责任支撑其指导青年乡村教师的活动。在满足双方需求的基础上,创设融洽的人际沟通氛围,有利于打造互助共赢的教学团队,提升乡村小学教师的教育情怀水平。

3. 坚定立德树人的职业信念,提升教育教学效能感

教师内部因素也是制约新时代乡村小学教师教育情怀形成与发展的重要指标。本节研究中涉及的内部因素主要是职业信念和职业能力,故坚定立德树人的职业信念,提升教育教学效能感是提升乡村小学教师教育情怀的重要途径。教师的职业信念是多数教师的精神追求和奋斗指南,就是乡村教师对自己所从事的乡村教育活动的劳动价值所产生的坚信不疑的态度,能帮助其

在面对诸多困难时仍不轻言放弃、勇往直前（李宁，张晓琳，王绍媛，2022）。所以，乡村小学管理者应引导乡村小学教师坚定不移地认为教育好每一个学生是自己神圣的职责，自己从事的教育事业是对祖国和人民的一种不可推卸的责任。

有了立德树人职业信念的支持，还要不断打磨乡村小学教师的教育智慧和教学技能，帮助其从实施教育教学活动中取得充足的效能感，因为乡村教师的教育情怀会在乡村教育实践中不断积淀和深化。乡村小学管理者充分利用教师继续教育政策，为教师提供高效实用的学科素养、信息素养、科研素养等方面的研修培训，适应新时代互联网＋教育背景带来的教学理念、教学内容、教学方法的改变（周彬，2019），从而减少乡村教师因城乡教育资源差异而感受到的无助感。

（三）内化信奉阶段的践行策略

虽然参与本次教育叙事研究的乡村小学教师都处于上一个阶段，但他们在教育叙事中提出了对未来做出更高层次教育情怀行为的期待，也可以视为该群体对内化信奉阶段践行教育情怀策略的思考。

1. 领悟乡村教师在乡村振兴中的时代使命

党的十九大报告提出"实施乡村振兴战略"，其核心在于人才振兴，教育是实现人才振兴的根本途径。乡村振兴的关键在于乡村教育振兴，教师是乡村教育振兴的第一资源（刘庆昌，2017）。因此，此阶段乡村小学教师应深刻领悟自己在乡村振兴中的新时代使命，将人生价值、职业理想、自我实现的需要与这种教育使命紧密联系，将自己的专业发展路径与帮助乡村儿童成长、成才、圆梦的责任联系在一起，最终使得教书育人成为教师生命价值的重要组成部分（林崇德，2014）。但是如前所述，这个阶段的乡村小学教师将面临较大的职业倦怠和职业压力等心理风险,乡村学校管理者需要给乡村小学教师提供必要的保障条件,助其在承担乡村教育振兴使命的过程中克服基础性、条件性的障碍。

2. 拓展乡村小学教师对教育情怀的自我建构

投入小学儿童的教育教学工作是乡村小学教师践行教育情怀的主要渠道,也是该群体进行教育情怀自我建构的重要精神来源。首先,组织课堂教学活动是乡村小学教师最主要的工作任务,也是其教育情怀最直接的践行场域。教学设计隐含着乡村小学教师的教学理念,乡村小学教师践行以学生为中心的教学理念就是自我建构教育情怀的方式之一。教学实施过程中,始终秉持学生的主体地位,注重生生交流、师生互动,鼓励和接纳学生尝试错误,都是乡村小学教师自我建构教育情怀的重要途径。其次,教师与学生的日常沟通与交往也是乡村小学教师自我建构教育情怀的有益组成部分。尤其是,乡村留守儿童需要乡村小学教师如同亲人般的情感关怀,而处于内化信奉阶段的教师因为认识坚定性强、情感稳定性高、行为主动性强,更能自然而然地从缄默地隐含转化为外显地践行自己的教育情怀。总而言之,乡村小学教师在践行教育情怀的过程中体验成就学生发展的职业幸福感和获得感。

五、研究结论

本节研究通过收集 32 名新时代乡村小学教师的教育故事,对叙事进行意义建构,得到了以下几点结论:(1)新时代乡村小学教师的教育情怀主要表现为坚定不移地扎根乡村、义不容辞地承担责任和毫无保留地赤诚热爱;(2)新时代乡村小学教师教育情怀的形成依次经历了虚拟关注、体验升华和内化信奉三个阶段；（3）在此形成过程中，影响新时代乡村小学教师教育情怀的主要因素是学生的学习态度和成效及其与教师的情感关系、小学的管理制度和同事关系、教师的职业信念和职业能力；（4）在新时代乡村小学教师教育情怀的提升路径中，高校教师给师范生树立良好的榜样示范、营造尊师重教的校园文化氛围是虚拟关注阶段的可行培养策略，关注小学生学习成效、制定人性化的管理制度、坚定立德树人的职业信念是体验升华阶段的主要提升策略，领悟乡村小学教师在乡村振兴中的新时代使命、拓展乡村小学教师对教育情怀的自我建构是内化信奉阶段的有效践行策略。

第三节　中学班主任教师教育情怀影响因素的个案分析

上一节我们用教育叙事的研究方法，分析了可能影响乡村小学教师教育情怀的学生、学校和教师因素。这一节聚焦中学班主任教师，利用典型个案的研究手段，深入考察影响该群体教育情怀的主要因素。

一、问题提出

中学班主任教师是落实立德树人根本任务的重要岗位，也是教师队伍中与学生接触最频繁的教育骨干力量，在我国基础教育阶段起着至关重要的作用。这些骨干力量的教育情怀水平关乎教育政策方针的理解和落实，以及其自身专业发展的高度。如本书第二章第三节所述，以往学界对中学班主任群体的研究主要集中在班级管理、工作负担、职业幸福感、心理健康、专业发展等方面，取得了很多有影响力的成果（李伟等，2024）。目前，只有少数研究探讨了中学班主任教师的情感素质、情绪劳动等情绪情感方面的状况。早期情感素质研究如王俊山和卢家楣（2014）认为中小学班主任情感素质是一个包括关系客体、对象客体、情感本体、对情感的操作的四维立体结构，其内涵涉及道德情感、理智情感、审美情感、人际情感、生活情感、情感能力六大类。该研究团队后续编制了具有开创性和良好信效度的中小学班主任情感素质问卷，对中小学班主任情感素质开展了调查（王俊山，卢家楣，2015）；之后就班主任情感素质的提升进行了几个干预实验，并证实了这些提升策略的有效性（王俊山，卢家楣，2014）。关于班主任的情感劳动的研究，如黄庆丽（2022）认为班主任的情感劳动受到宏观社会网络和微观主体互动的双重影响，班主任的情感劳动主要表现出制度化、个性化和互动化的特征，需要秉持全员班主任、全程指导、全面发展等思路，解决这些班主任情感劳动的相关问题。又如，崔澜钟和罗森（2024）提出班主任要用教育家精神引领工作，把爱国之情、报国之志融入班主任工作日常，热爱教育、关爱学生、启智润心，成为点燃学生心中之火的明灯。

然而，教育实践中的中学班主任面对着内容多样、复杂模糊、开放动态的多元教育情境，所扮演的角色愈加多样，不同角色需要的教育情怀水平及其影响因素也可能有差异。遗憾的是，过去的研究并没有直接关注到哪些具体的因素影响中学班主任教师的教育情怀水平，导致无法科学合理地提炼涵养该群体教育情怀的策略与手段。所以，本节研究将基于米德早期提出的角色理论（王威威，刘学智，2023），选择一个从教12年的中学班主任教师典型个案，深度剖析其从教经历中所扮演的角色，以期寻找到影响单个教师教育情怀的重要因素。

二、研究方法

个案研究方法是国内社会科学领域最常用的研究方法之一，它指采用各种方法，搜集有效、完整的资料，对单一对象进行深入细致的研究过程（郑金洲，2003）。本节研究就采用这种质性研究方法，深入考察一位 J 姓中学班主任教师的教育情怀的影响因素。

（一）研究对象

1. 基本信息

J 老师是一名男性，年龄 38 岁，政治面貌为群众，本科毕业于"985"工程院校，获得工学学士。已婚，育有 1 子，年龄 6 岁。J 老师的身体处于亚健康状态，除了有慢性呼吸道职业病外，甲状腺也有中等癌变风险。J 老师的妻子也是教师，于高校任教。J 老师的父母均务农，除微薄的农村养老保险外，无其他养老保障；J 老师的岳父母在城区有房产，岳父务工，岳母退休，并居住在 J 老师家，帮着照顾外孙。J 老师有一个哥哥、两个姐姐，其姐姐和哥哥均在城区有房产、育有两个子女。

2. 工作经历

第一阶段 J 老师本科毕业后，就职于某军工大型国企，担任汽车、齿轮箱等民品研发设计人员。在国企工作 5 年期间，被公司选派至英国进行专业技能培训学习 1 年。第二阶段 J 老师在入职学校之前，曾自主创立家庭作坊式学科培训班 3 年，任教学科包括小学和中学数学、中学物理、中学化学、高中生物、小学语文等。第三阶段 J 老师成为一名在学校任教 9 年的中学班主任教师。J 老师曾任教的学科为中学物理、小学数学、初中数学、高中数学。J老师先后在一所小学和两所中学任教,一所城区公立中学任教数学2年,并且同期在该中学的附属小学任教小学数学1学期;在另一所私立中学任教数学7年。

（二）研究资料

本次研究采集的资料主要包括访谈记录、课堂教学视频、教学材料三大类。第一类访谈记录,是研究团队成员通过访谈J老师本人、学生、家长、同事、领导、亲友等群体,获得的对其从事教师工作看法的逐字稿。其中,参与访谈的学生3人,分别是班长、学习委员和有数学学习困难的学生;参与访谈的家长有2人,包括家委会成员1人,其他普通家长1人;参与访谈的同事2人,是与其搭班3年的语文和物理教师;参与访谈的学校领导2人,涉及学校德育主任和所教年级组长;参与访谈的亲友3人,包括就读幼儿园的儿子、高校工作的妻子以及在国企工作的朋友。

第二类课堂教学视频,是由J老师提供的高中数学课堂教学实录2段,教学实录中完整展示了其在讲台上授课的真实情况。教学实录的主题分别是高中数学的《平面向量的概念》《两角差的余弦公式》,视频时长分别为45分钟;前者是家常课的教学视频,后者是校内示范课的教学视频。

第三类教学材料,由班主任工作记录本、教师备课本、教材、批阅版的数学作业本、周周清试卷等教学工作全流程材料(节选见附录4)。其中班主任工作记录本选取了春季学期和秋季学期各10页,教师备课本为高中数学4节完整的教学设计,数学作业本为J老师批阅过的三次不同学生的不同作业,周周清试卷为批阅版的3次不同学生的平时周末考试卷子。

（三）理论框架

本次研究在角色理论的分析框架下,分析上述访谈记录、课堂教学视频、相关教学材料。角色原本是戏剧中的专有名词，后来被社会学家用来说明在社会这一大舞台上人的相关行为，主张人是其所扮演的各种社会角色的总和，角色成为米德所提理论——符号互动论的核心内容（王威威，刘学智，2023）。社会角色是由一定社会地位决定的，符合一定的社会期望的行为模式；它是人的多种社会属性或社会关系的反映，是构成社会群体或社会组织的基础（周凡，张敬威，2022）。根据角色理论的观点，行动者的角色是在情境中被唤醒的，不同的教育情境会唤醒不同的专业角色。比如，教师角色包含着社会对教师职业的一套行为期待和行为规范（陈武林，陈颖，2023）。因此，班主任的教育教学行为与其"扮演"的角色密不可分，其教育情怀的表现也会在不同角色转换之间存在程度差异，影响因素也随之有所不同。

（四）数据编码

1. 文本资料的编码处理

本次研究对 J 老师的相关访谈记录、教学材料进行了内容分析，按照文本资料中涉及的班主任所扮演的角色类型及其影响因素进行逐级编码。具体步骤如下：第一，先对文本进行连续编号，编号和页数情况如表 3-4 所示，用于分析的文本累计约 13.9 万字；第二，对所获不同文本进行内容分析，先命名与影响因素有关的原始编码，再逐级概括抽象成次级编码，以此类推，形成班主任 J 老师教育情怀的影响因素编码结果；第三，编码一致性检验，随机选取 2 名有经验的编码者，分别对访谈记录和教材材料中的一项进行独立编码，之后计算出两者的编码一致性信度为 0.86，说明本次研究的逐级编码具有较好的信度。

表 3-4 文本资料的编号和页数情况

文本类型	文本名称	文本编号	页数
访谈记录	本人访谈记录	1-1	8 页
	学生访谈记录	1-2-1, 1-2-2, 1-2-3	3 页
	家长访谈记录	1-3-1, 1-3-2	4 页
	搭班教师访谈记录	1-4-1, 1-4-2	3 页
	领导访谈记录	1-5-1, 1-5-2	3 页
	亲友访谈记录	1-6-1, 1-6-2, 1-6-3	6 页
教学材料	班主任工作记录本	2-1-1, 2-1-2	20 页
	教师备课本	2-2-1, 2-2-2, 2-2-3, 2-2-4	40 页
	教材	2-3	10 页
	数学作业本	2-4-1, 2-4-2, 2-4-3	30 页
	周周清试卷	2-5-1, 2-5-2, 2-5-3	12 页

2. 视频资料的编码处理

本次研究对 J 老师的一次家常课（J-1）和一次示范课（J-2）的课堂教学实录进行了编码分析。课堂教学主要由教师的教与学生的学构成，在教师的引导和组织下，学生有效达成教学目标。因此，课堂教学视频的分析不能脱离高中数学课堂教学的本质内涵和典型特征，本次研究对教学视频的具体分析思路如下。

首先，确定分析两个课堂教学视频的指标框架，参考于冬梅和黄友初（2024）研究使用的 TIMSS 课堂视频分析框架，将从教学目标、教学方法、课堂话语、课堂结构 4 个一级维度和教师角色、对话形态、教学任务等 10 个二级指标对 J 教师的课堂视频进行分析，包含具体观测点的编码指标系统见表 3-5。其次，按照上述 4 个维度的指标框架，抽取教学视频中展示 J 老师的教育教学行为和口头表达的话语进行逐一编码，并有意识地标记课堂教学中的关键节点和教师提出的大小任务与基本问题。最后，检验视频编码结果的一致性，本次研究邀请参与文本资料编码一致性检验的两位编者继续承担此次视频资料分析一致性检验，两者独立对新知探究环节的视频片段进行编码，计算出两者的编码一致性信度为 0.83，表明本次研究编码达到相应标准。

表 3-5　课堂教学视频资料分析的编码系统

一级指标	二级指标	观　测　点
教学目标	掌握知能	知道基本概念和掌握的基本技能
	理解意义	理解现实的基本问题
	实现迁移	应独立在真实情境中灵活运用所学本领解决问题
教学方法	教师角色	指导教学 / 促导教学 / 辅导教学
	教学类型	讲授教学法 / 建构助学法 / 个别指导法
课堂话语	话语权	教师话语量和话语频次
	对话形态	师班对话 / 师个对话 / 师组对话 / 生生对话 / 交叉对话
	话语类型	陈述性语句 / 提问性语句 / 反馈性语句
课堂结构	教学任务	任务的数量与逻辑递进性
	教学阶段	感知阶段、建构阶段和应用阶段

三、研究结果

　　作为专业人员，班主任理应在专业发展上主动追求工作的自主性和规范性，增强对自身专业角色的理性认识，努力扮演"教育"职责的首要承担者、"集体教育"的主要实施者、"立德树人根本任务"的关键落实者（耿申等人，2020）。本次研究根据角色理论的分析，通过对 J 老师的教育教学相关文本和视频资料编码分析，从其扮演学生成长的师者身份、班级建设的关键人物、全员育人的核心力量和家校合作的引导力量的 4 种不同次级角色出发，得到了关于中学班主任教师教育情怀的影响因素结果。

（一）作为学生学习的师者身份，J 老师的教育情怀影响因素

J 教师在学校的工作肩负数学教学的重要职责，作为学生数学学科相关的知识学习和能力养成过程中的"重要他人"，主要目标都是促进学生会用数学的眼光观察现实世界，会用数学的思维思考现实世界，会用数学的语言表达现实世界（史宁中，曹一鸣，2022）。综合分析 J 老师的文本和视频资料，发现作为一名数学教师，影响其教育情怀的因素主要来自社会支持、学生态度和个人偏好三个方面，依次被提及或体现了 6 次、7 次和 9 次，并且 8 个次级影响因素及其描述频次如表 3-6 所示。

首先，学校氛围、家人理解和前辈示范构成了影响 J 老师教育情怀的社会支持因素。J 老师在访谈中提到，较高的团队凝聚力、数学学科组的整体士气，会影响其对数学教学工作的情感投入。同时，步入中年的 J 老师在谈话间提及最多的就是，对一直支持自己的妻子和岳母表示了深深的谢意，感谢她们在儿子成长自己缺位过程中的包容和理解，他才能全心全意钻研数学教学。J 老师还陈述了刚入校时，教龄 20 余年的带教师傅给他提供示范教学和细心指导，对其教育情怀深化产生的积极影响。

其次，学习动机、情感反馈、学生家长配合是影响 J 老师教育情怀的学生因素。在对其所教学生的访谈中，发现学生的学习意愿和努力程度，是影响 J 老师是否表现积极教学情绪的重要因素。同时受访学生还表示，"J 老师会因为我们的情感表达而充满幸福体验，特别是像教师节、感恩节的时候，给他写祝福语，

他会很开心"（1-2-1）。另外，接受访谈的学生家长指出，"我们非常配合 J 老师的教学工作，也愿意听他介绍娃儿在学校的学习情况，他总是很细心地同我们交流，也会给我们一些操作建议"（1-3-1）。

最后，J 老师个人认真负责、善于表达成为影响其教育情怀的个体因素。通过分析 J 老师的备课本、教材，发现其对待教学设计不同于其他老师，J 老师加入了很多个性化的思考，还会像学生时代一样对重要的知识点和能力点，补上工整的笔记或形象的图案，教学实施之后的反思也是充分考虑学生的学习成效情况，深度思考如何改进数学教学。查阅 J 老师所教学生的作业本和周周清试卷，结果显示其对待数学教学非常认真、负责，对学生学习成果的反馈也非常形象化、个性化，对容易被忽视的形成性教学评价的投入很高。此外，分析课堂教学实录，可知 J 老师课堂教学实施也有独特的教学风格，语言表达幽默、声音此起彼伏、对话层出不穷，整个课堂表达都充满激情。

表 3-6　作为学生学习师者身份的教育情怀影响因素

影响因素		材料来源的类型和编号	描述频次	具体描述节选 / 参考点
社会支持	学校氛围	本人访谈记录 1-1	2	学校整体氛围会影响我对工作的态度，如果学校教学团队的凝聚力很强，我也会努力做个乐教爱生的好老师。
	家人理解	本人访谈记录 1-1	3	像我这种上有老、下有小的中年人，经常早出晚归，如果家里没人支持和理解，很难开展好教育教学工作。
	前辈示范	本人访谈记录 1-1	1	我的师傅，她兢兢业业在学校工作了 20 多年，一直都保持对数学教学的热情，非常值得我学习。

续表

影响因素		材料来源的类型和编号	描述频次	具体描述节选/参考点
学生态度	学习动机	学生访谈记录1-2-1	3	当我们数学课上表现很好的时候，J老师下课后会给我们发零食，他和我们都是肉眼可见的开心。我们做不来题，去办公室问他，他也会很耐心地给我们解答，有时候还需要排队呢。
	情感反馈	学生访谈记录1-2-1	2	我们很喜欢J老师，他很会用一些我们喜欢的教学方法上课，他自己蛮搞笑的，想必他也喜欢给我们上课。
	家长配合	家长访谈记录1-3-1	2	娃儿在J老师班上，我很放心，他数学教得好，有啥子学习要求我们全力配合，J老师也会给我们沟通娃儿的学习成绩情况，就算"考撇"了，也会喊我多鼓励娃儿，好有情怀的老师。
个人偏好	认真负责	教师备课本2-2-2 教材2-3 数学作业本2-4-1 周周清试卷2-5-1	5	J老师的备课本全是手写，主要环节用不同颜色笔标注教学实施过程要注意的知识和能力点，在教材例题边上备注了多种解题思路和变式。学生数学作业本和周周清试卷上，J老师手动批阅的痕迹显著，还有针对学生错题的正确示范、个性化的评语以及学习建议。
	善于表达	课堂教学视频J-1	4	鼓励学生在真实情境中灵活运用所学数学规律解决问题；采用建构助学法，引导学生主动思考；师组对话、生生对话为主；子任务之间梯度符合学情，均指向教学目标。

（二）作为德育实施的核心力量，J老师的教育情怀影响因素

班主任作为学校德育工作的直接实施者，在学生心目中具有崇高的地位。整个社会对班主任教师的角色期望也通常反映在

对学生开展思想道德教育，引导学生明辨是非的作用上。班主任需要将对"人师"角色的自觉领悟转化为"以德育人"的角色实践，进而形成落实立德树人任务的角色形象。在本次研究中，班主任 J 老师的另一个角色就是德育实施的核心力量。综合分析 J 老师的文本材料和教学视频资料，从德育设计、德育过程和德育评价这 3 个一级维度，得到了影响 J 老师在扮演此角色下教育情怀水平的 5 个二级因素主要包括领导德育意识、德育管理制度、德育任务数量、德育效果评价和德育工作报酬，这 5 个因素共出现了 17 次。

上述影响因素中，出现次数最多的是德育工作报酬，从 J 老师的搭班老师和亲友反馈中，可以知道班主任投入了很多时间和精力在学生思想品德教育工作上，但在绩效收入上没有得到显著提升，从而挫伤了他从事德育板块工作的积极性，降低了其育人情怀。与这个因素相关的德育效果评价，也是影响 J 老师教育情怀水平高低的因素，共出现了 3 次。在学生访谈描述中，他们表现出对德育效果的不在意，认为德育考评很难，正如"思想品德好坏，又不能像知识一样可以用试卷考得出来"(1-2-2)，考评结果也不够个性化，班级不能完全代表个人，而且得到反馈的时间间隔太久。

针对德育主任和 J 老师本人的访谈记录均发现，在德育设计层面，领导德育意识和德育工作管理制度两个因素影响着 J 老师实施学生思想品德教育的教育情怀，分别被提到了 3 次和 2 次。一方面，学校领导的德育意识，尤其是德育工作改革和创新思路，会影响像 J 老师这样的班主任参与德育工作的热情。另一方面，学校德育工作相关的管理制度因素也会起作用。如果德育管理制度比较完善，能给班主任教师开展工作提供比较明确的方向指引和操作提示，会提升班主任的育人情怀水平。比如，J老师在访谈中提到，"刚开始接触中学生的时候，不知道中学生德育工作具体要干什么，只有一本班主任德育工作指南稍微有点描述，在实操层面只有自己摸着石头过河，只能默默地咨询有经验的前辈，别提多影响我对育人工作的情绪了"（1-1）。

德育任务数量是实施中学生德育工作中被J老师关注的因素。在J老师提供的示范课课堂教学视频中，他主动将德育元素融入了数学学科育人过程，包括科学探究精神、大胆质疑精神、爱国主义情怀。例如，他在课上说道，"即使是著名的数学家，他的猜想不一定是正确的，学科规律如何，需要同学们经过自己的验证才能真正揭晓"（J-2）。而在J老师的访谈描述中，他列举了常规的中学生德育工作事项，如升国旗、学生仪容仪表、学生操心分评比等，但少数困难学生的德育工作耗费了其很多工作时间和心理资源，导致过大的德育工作任务总量降低了其投身育人事业的情怀。

表3-7 作为德育实施核心力量的教育情怀影响因素

影响因素		材料来源的类型和编号	描述频次	具体描述节选/参考点
德育设计	领导德育意识	本人访谈记录1-1领导访谈记录1-5-1	3	从德育处的角度，我们学校领导对德育比较重视，也致力于落实立德树人的根本任务，但是迫于学校教学的工作实际，更多是按部就班推进常规性德育工作，没有太多德育创新思路，也忽视了教师育人情怀的实践。
	德育管理制度	本人访谈记录1-1领导访谈记录1-5-1	2	我们学校德育管理制度建设比较单薄，只有通用的中学生日常行为规范，以及班主任德育工作指南，更多侧重学生德育事务性工作，对老师们的直接指引作用有待提高。

影响因素		材料来源的类型和编号	描述频次	具体描述节选／参考点
德育过程	德育任务数量	课堂教学视频 J-2 班主任工作记录本 2-1-1	4	常规德育任务量不大，比如升国旗、学生仪容仪表、学生操心分评比；但是在重点学生的情况处置上花费了很多时间和精力，有时候一个困难学生要一直关注，直到他从学校毕业，长此以往有点力不从心。
德育评价	德育效果评价	学生访谈记录 1-2-2 课堂教学视频 J-2	3	相比操行分，我们感觉学校对考试成绩更加看重，操行分就只有学校张贴栏能看到我们班的等级，每个人的成绩要期末看手册才有。除非有人犯了很严重的错误，老师也不是很看重这个分数，我自然也不会太在意。
	德育工作报酬	搭班教师访谈记录 1-4-1 亲友访谈记录 1-6-1	5	学生德育工作，我们都投入了很多精力，但是就算学生品德再好，也不会算成我们的工作绩效，因为学校和家长更看重成绩，后面我们越来越不愿干这块的工作了。他的收入主要取决于教几个班、每周多少课时、学生成绩整体排名、职称、教龄、班主任津贴，所以学生的德育做得好与坏，与 J 老师的收入关系不大，这样有点打击他的积极性。

（三）作为班级建设的关键人物，J 老师的教育情怀影响因素

班级的本质是教育组织，是不可取代的教育因素，班级生活对学生生活具有无可取代的作用。班主任的另一个角色是作为班级建设的关键人物，需要在常规化和系统化的思考中对班级进行建设，建设内容包括班级愿景、班级气氛、班级文化、班干部选任、心理健康辅导等。面对班级组织建设的情境性和复杂性，班主任需要履行职责、扎根实践问题进行内化反思，形成班级建设关键人物的角色认知（武建君，2024）。在系统分析了有关 J

老师的研究资料之后，发现其承担班级建设角色时，教育情怀水平的主要影响要素分为学生投入、教师态度和外力协助3个方面，具体包括学生参与度、班干部支持度、教师管理理念、教师自我效能感、学校制度保障和家长出力协助，总共出现了15次。

第一类影响因素来自学生群体，主要是班干部支持度和学生参与度，出现次数之和为5次。在J老师的班主任工作记录中，他明确表达了"学生是班级的主人"的观点，列举了很多具体的学生参与的事项，J老师认为这是很有价值的事。因此，可知学生参与建设班级的情况将会影响他对这项工作的教育情怀。在学生群体中，班干部对班级建设中发挥着难以替代的作用。在本次研究的访谈中，J老师和受访班干部都描述了自己对班级建设的看法，肯定了班干部对其他同学的正面影响；J老师还表示班干部的大力支持，促使其愿意投入更多时间在班级凝聚力的相关工作上，彰显其育人的情怀。就如"我自己带头遵守班规里要求的晚自习不随便说话，其他同学慢慢地也遵守，这样我们班晚自习的时候大家都很安静"（1-2-3），"其他班晚自习吵闹被通报的时候，因为没有我们班，J老师每次都很自豪"。

第二类影响因素来自教师内部，细分为教师本人的班级管理理念和自我效能感，共出现了6次。J老师在访谈中描述，他认为教师能做好班级建设工作的信心很重要，"在我的班主任生涯中，刚开始班级建设是我最感棘手的事，但现在是我最自豪的事、最有自我效能感了，以后我会一直坚持做好"（1-1）。受访的班干部提到，他感觉J老师的班级管理理念是非常包容和民主的，而且也亲自花时间给他们班想班级口号，他们班同学都高度接受、支持J老师的班级管理方式，因为同学们感受到自己才是"班级的主人"（1-2-3）。在J老师提供的家常课教学视频中，其自信连续地提问，学生配合地思考与回答，全班都学生遵守课堂规则，可见J老师展示出较高的班级管理自我效能感。此外教师本人的访谈中，J老师也自述，"我感觉自己在对待班级建设的事情上，比较民主、开放，在这种想法支持下，我会尊重学生的想法，让他们掌握班级管理的自主权，看到这个过程中他们自觉性、情商的提高，我也发自内心地为他们开心"（1-1）。

第三类影响因素来自外部助力，被领导和家长提到的总次数为4次，分别是学校制度保障和家长出力协助，这两个子因素都会影响J老师从事班级建设工作的情怀。本次研究针对主管领导的访谈中，结果提示学校为班主任开展班级建设工作提供了一部分经费、场地、活动保障，以此激发学校像J老师这样的班主任投身这项工作的热情。一位担任家委会成员的家长，也在访谈中表示自己在物力、人力和财力方面都对J老师开展班级建设工作予以全力协助，并且感受到J老师在团结班级学生上的期待和努力，比如"娃儿在学校总能感受到班级的温暖，我们做家长的，也感受到J老师对班上娃儿的真心、热情"（1-3-2）。这些来自外部的重要力量，都为班主任J老师承担好班级建设关键人物的角色提供了必要的帮助。

表3-8 作为班级建设关键人物的教育情怀影响因素

影响因素		材料来源的类型和编号	描述频次	具体描述节选／参考点
学生投入	学生参与度	班主任工作记录本2-1-2	3	我心中的班级建设工作是非常有价值的，学生才是班级建设的主人，我只是引导他们表达自己的同时，尊重他人的需求。这学期之初有班干部选拔、班规制定、班级口号拟定、教室布置等任务，学生们都完成得很好，我也深感欣慰，相信这样的长期投入是有意义的。

影响因素		材料来源的类型和编号	描述频次	具体描述节选 / 参考点
学生投入	班干部支持度	本人访谈记录 1-1 学生访谈记录 1-2-3	2	从微观层面,班干部的选拔非常影响班级管理的成效,他们发挥模范带头作用,会影响其他学生模仿学习,他们支持班主任 J 老师,会省去很多麻烦,我也更愿意为把我们的班级建设好添砖加瓦。
教师态度	教师管理理念	本人访谈记录 1-1 学生访谈记录 1-2-3	3	我们班的氛围很好,同学们都很喜欢这个温暖的班级,老师会在周末返校的时候给大家发零食,边吃边给我们加油解压。我觉得 J 老师管理上比较开放民主,尊重我们的意愿,同学座位和教室的布置都考虑了我们的想法。我记得刚开学的时候,他还花了很多时间想班级口号,然后大家投票决定,感觉我们就是主人。
	教师自我效能感	本人访谈记录 1-1 课堂教学视频 J-1	3	我觉得自身的管理方法对搞好班级建设很重要,而且得有相信自己能做好班级建设的信心,才会愿意投入大把的时间和精力去做这个事情。不过,我觉得如果班级建设好了,学生们对这个班级会很有归属感,也热爱自己的班集体,学习自然也有进步。
外力协助	学校制度保障	领导访谈记录 1-5-2	2	我们年级在班级文化建设方面是非常重视的,同时也鼓励老师们发挥自己的聪明才智,带领学生们建设有特色的班风,而且我们还有少量的经费和活动场地支持班级活动,也会通过举办班级形象建设比赛的形式,引导班主任老师投入这项具体工作。
	家长出力协助	家长访谈记录 1-3-2	2	作为孩子班上的家委会成员,我觉得 J 老师管理班级还是很有方法的,我们也非常支持他干这个事,大家出钱、出人、花时间协助他做好孩子班级建设的具体工作。同样,J 老师每次都和我一样,很期待看到自己孩子的班上团结。

（四）作为家校合作的引导力量，J老师的教育情怀影响因素

除了上述三个角色，J老师还扮演家校合作的引导力量的角色。家校合作，就是促进家庭和学校的有机渗透，共同关注学生的学习和成长。相比于科任老师，班主任作为"信息枢纽"全面掌握了解学生思想动态、日常表现和学科特长，在促进家校合作方面发挥着引导作用。本次研究中，影响J老师承担这一角色教育情怀的因素主要有学生家长的重视程度、沟通素养、教育智慧以及家校合作成效4个，描述总频次为12次。

在家校合作引导力量的角色下，影响J老师教育情怀水平的因素涉及合作过程和合作效果两个方面。其中合作过程中家长素养包括重视程度、沟通素养和教育智慧三个子因素，共被提及了8次。从受访家长的描述看来，家长在态度上对与J老师的合作共育是非常重视的，他说，"我会定期给班主任老师打电话，了解我女儿在校的学习和生活情况，特别是会沟通她的心理状况，J老师也会很热情地分享他的看法，并给我们一些和女儿相处的建议"（1-3-1）。从J老师本人的访谈描述中，发现家长沟通素养越高、同理心越强，越容易与学校班主任老师进行默契的合作，更有助于诱发J老师的育人情怀。而从学生访谈结果看，家长在家庭教育过程中使用的教育方式方法、展现的教育智慧，会影响J老师开展家校合作的意愿和情怀。正如J老师在班主任工作记录本中写的，"优秀的学生背后一定有一位充满教育智慧的家长，与这样的家长沟通合作，能够很大程度上促进学生的成长，期待多多遇到这样的家长"（2-1-2）。

除了家长方面的因素之外，家校合作的成效也是影响J老师教育情怀水平的重要因素，被提及了4次。本次研究中，搭班教师在访谈中表示感受到了J老师通过与家长良好的互动合作，对学生的成长与发展有一定的积极作用，而且J老师也很乐意投入

时间开展家校合作。J老师本人在班主任工作记录本中也详细描述了他与学生家长沟通的事项及其成效，比如，"小杰同学，这次虽然没有考好，但是我打电话给他的家长，建议他们多鼓励小杰，强调不要怕一时的失败，结果家长照做之后，小杰慢慢不那么自卑了，真让为师开心"（2-1-2）。

表 3-9　作为家校合作引导力量的教育情怀影响因素

影响因素		材料来源的类型和编号	描述频次	具体描述节选 / 参考点
合作过程	家长重视程度	家长访谈记录1-3-1 亲友访谈记录1-6-2	3	在家里面，我经常听到J老师在与学生家长进行电话沟通，而且每次交流的时间都很久，话题基本都是学习，要么是学生厌学，要么是偏科等等之类的。总之，J老师很重视与家长的沟通，也愿意与那些重视孩子家庭教育的家长紧密合作。
	家长沟通素养	本人访谈记录1-1	2	我们班的家长，大多是有文化、有体面工作的知识分子。与他们交流孩子的情况，他们很容易共情，口头表达思路非常清楚，也能理解我的立场和意图。我相信学校老师和家长共同努力，一定能让学生变得更好。
	家长教育智慧	学生访谈记录1-2-3 班主任工作记录本2-1-2	3	我妈在家，总是很凶，说话也有点霸气，属于专制型的家长。她还经常和J老师打电话沟通，她在电话里问了我在学校上课的情况、和寝室同学的关系，转头就告诉我同学的家长，生怕学校老师和周围同学对我不重视一样，还让J老师出去拿快递，搞得J老师也有点无语。
合作效果	家校合作成效	班主任工作记录本2-1-2 搭班教师访谈记录1-4-2	4	和J老师搭班这么久，发现他不仅把学生管得好，家长也非常配合他，可见他在家校合作上成效不错。特别是在开放月活动中，一堆家长围着他咨询，他似乎也乐在其中。

四、讨论分析

专业技术岗位赋予班主任多种角色要求，本次研究探讨典型个案——班主任 J 老师的角色主要包括学生成长的师者身份、班级建设的关键人物、全员育人的核心力量和家校合作的引导力量 4 种。在这 4 种不同角色期待下，本次研究共发现了影响 J 老师教育情怀水平的 11 种一级因素、23 个二级因素，具体影响因素框架如图 3-2 所示。

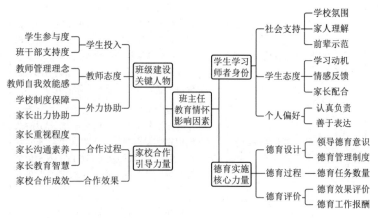

图 3-2　中学班主任 J 老师不同角色下教育情怀影响因素框架图

（一）外部力量对班主任教师教育情怀的影响

由图 3-2 可知，J 老师在扮演 4 个不同角色时，其教育情怀的影响因素既有不同之处，也有相似之处，而且相似的因素可能作用大小不同。因此，需要进一步整合本节研究所列出的具体影响因素。唯物辩证法的内外因素论认为，内因是心理变化的根据，外因是心理变化的条件（彭聃龄，2004）。据此，我们统整图 3-2 中的具体因素，分析出影响在职班主任 J 老师教育情怀的外部力量主要包括社会支持、学生态度、学校保障、家校交互四个方面。其中，社会支持包括家人理解、前辈示范等因素，学生态度包括学生投入、情感反馈等因素，学校保障包括制度保障、组织氛围、工作任务量、评价考核等因素，家校交互包括家长配合度、家长沟通素养、家长教育智慧、合作成效等因素。

1. 社会支持因素的影响

本次研究发现的影响班主任教育情怀的社会支持因素，与以往研究者考察班主任群体留职意愿的结果相似。比如，社会支持在中学班主任的职业压力与离职意向之间起中介作用，良好的社会支持系统有助于中学班主任职业压力的缓解和班主任队伍的稳定（邓远平，罗晓，李丛，2012）。也有研究通过访谈得到，班主任家人的尊重、关心与体谅，能够让班主任获得认可的喜悦，激发班主任工作的动力和情怀（包志梅，2017）。另有一项针对4746名乡村教师的调查研究结果显示，社会支持是影响乡村教师留任意愿的重要因素，乡村教师留任意愿与专业支持、情感支持、经济支持都显著正相关（于海英，田春艳，远新蕾，2023）。同样，美国乡村教师的社会支持系统也利于提升乡村教师的保留率，该社会支持系统分为三方面：心理支持上，创设了基于尊重、信任和协作的环境氛围；专业支持上，建立了系统的职业发展体系；经济支持上，给予了乡村教师差异化经济补偿（韩悦，周正，2022）。

反观教育现实，中小学教师经常把教育教学工作带回家的现象，削减了其在非工作领域中分配到的有限资源；尤其是班主任教师，常被要求24小时保持通信畅通，以便应对各种突发的学生教育教学事件，加上微信、钉钉等交流平台工具打破了工作与家庭的地理界限，这导致严重挤压教师扮演家庭成员角色的时间。此时，工作家庭平衡是工作自主性与中小学教师幸福感之间的中介变量（曾练平，2021），班主任教育教学工作能否得到其他家庭成员的充分理解显得尤为重要。所以，在班主任 J 老师的个案研究中，主要来自家人和同事的良好社会支持系统，能促进其教育情怀的提升是比较合理的。而且这样的结果也提示，想要班主任一如既往地热爱这个岗位，需要帮助班主任教师构建一个良性、立体的社会支持系统。

2. 学生态度因素的影响

值得注意的另一类影响因素来自学生，包括学生投入（学习动机）、情感反馈等，这些因素能影响 J 老师的教育情怀水平。这些结果可能说明，学生对学习的投入度越高，向老师展示出来的情感反馈越多，越有助于提升中学班主任教师的教育情怀水平。本次研究发现的学生学习投入、情感反馈因素对教师教育情怀的积极影响，可以从其他相关研究找到佐证。比如，李协吉等（2024）以 40 位中学教师和 482 名中学生为被试，通过问卷调查法探讨师生积极情感表达一致性对中学生学习投入的影响关系及情感反应的中介效应，结果发现师生积极情感表达一致性通过影响学生的情感反应来促进其学习投入行为水平的提升。另一项关于高中生感知教师支持与学习投入关系的研究也表明，感知教师支持能通过学业自我效能感间接预测高中生学习投入（贾绪计，蔡林，林琳，林崇德，2020）。

而且在中学教育实践，学生对班主任老师的辛劳工作充满感激、敬佩，会更加勤奋、努力地投入学习，班主任也更加愿意投入时间和精力在学生的教育教学工作中。因此，可以说本次研究发现的学生学习投入和情感反馈会影响班主任教师的教育情怀，既有　定的学术研究佐证，也比较契合教育现实。

3. 学校保障因素的影响

班主任面对落实立德树人的根本任务，承担了比任课教师承担更复杂的事务，也需要学校提供必要的保障条件以支持其更好地实现角色期望。本次研究结果显示，学校保障包括制度保障、组织氛围、工作任务量、评价考核等因素，都会给班主任 J 教师的教育情怀带来一定的影响。与之类似，在以往研究结果中这四个因素对中学教师的留任意愿、教学热情、工作投入、职业幸福感等方面也有所影响。就像一项针对凉山彝族自治州中小学组织气氛与教师留任意愿的关系研究表明，学校良好的组织气氛对参与调查的 6005 名中小学教师的留任意愿有显著正向预测作用（傅纳等，2024）。另一项关于"双减"背景下 2210 位教师工作负担与教学热情的关系研究提示，较高的工作负担会对教师教学热情产生抑制作用，特别是行政负担显著负向影响教学热情，而技术负担对教学热情的直接影响不显著（蒋帆，2024）。还有研究调查了湖南省 8 个县（市）222 所中小学 4492 名教师，调查发现这些教师的绩效考核公平感与其工作投入、组织认同显著正相关（高晓清，杨洋，2022）。中小学给班主任教师的制度保障在执行层面能否落地，更多取决于中小学校长的管理决策，故也有研究发现校长教学领导力对教师幸福感有显著的积极影响，而且"教师集体效能感→教师自我效能感"在两者之间起到显著的链式中介效应（王恒，宋萑，王晨霞，2020）。

上述这些研究结果都为学校保障类因素能影响班主任教师的教育情怀提供了学术依据，该结果也启示中小学校长可以从优化教学管理制度、营造合作型组织气氛、减少非教学任务量、改进教师评价激励等方面，为提升班主任教师的教育情怀水平提供思考路径。

4. 家校交互因素的影响

家庭教育与学校教育在学生成长过程中都具有不可替代的作用，家庭与学校需要共同参与学生的教育活动，通过沟通交流，联合起来对学生进行教育，以发挥两者的合力作用（边玉芳，周欣然，田微微，2024）。除了社会支持、学生、学校三个方面的影响因素外，本次研究还发现家长配合度、家长沟通素养、家长教育智慧、合作成效等家校交互因素会影响 J 老师的教育情怀水平。这一结果可以从科尔曼社会资本理论的角度得到解释（常桂祥，傅蓉，2021）。该理论应用于教育情境可知，良好的家校互动构成的闭合网络有助于形成一种支持性的氛围，其中传递的信任、期望、监督等要素作为社会资本会直接或间接影响子女的学习态度和行为，并促进子女的学业表现，同时也影响教师的教学热情和投入。同时，国内学者也发现了家校沟通与合作对学生成长的重要功能。比如，李佳哲和胡咏梅（2023）通过研究表明，家校沟通交流对城市初中生的学业表现具有显著的正向影响，家长志愿活动参与频次和城乡初中生的学业表现之间均呈现倒"U"形关系。类似地，李哲等（2019）通过调查发现家校合作对青少年学业成绩具有显著的正向预测作用，而且在家校合作对青少年学业成绩的影响中，亲子沟通发挥了部分中介作用。此外，李大印和张顾文（2022）基于 SESS2019 调查数据，分析了家校合作与高中生社会情感能力之间的影响关系，结果显示家长偏好选择对孩子社会情感能力有直接影响的合作方式。

以上几项研究结果都说明家校交互因素，在学生的认知和社会性发展过程中扮演了重要角色。家校合作带来的积极影响除了会表现在学生发展上，也会对班主任教师的教育教学热情有一定的正强化作用，正如一项关于乡村教师教育情怀的研究表明的，家校合作等因素对乡村教师的乡村教育情怀有显著影响（蔡其勇，首新，2024）。由此可以推断，本次研究中 J 老师的教育情怀受到诸多家校互动因素的制约，得到了上述研究的支持。究其现实原因，很可能是因为班主任 J 教师在开展教育教学工作的过程中，得到了很多家长的高度配合和支持，在两者合力的作用下学生有了明显的学习与生活上的积极改变，从而提升了 J 老师的教育教学获得感和成就感。

（二）内源力量对班主任教师教育情怀的作用

根据图 3-2 所示，本次研究中对班主任 J 老师教育情怀起作用的内源力量主要有教师的自我效能感、认真负责的人格特质、沟通表达能力、教学与管理风格等。这些内源性因素不仅有助于增强班主任专业身份的公正感和成就感，并且有助于其在专业发展中持续提升角色胜任力和角色担当的自主性。

1. 教师自我效能感的作用

班主任 J 老师在本次研究中提及的影响教育情怀的首要内源力量是自我效能感，这一指标反映 J 老师主观判断其能做好教育教学工作的信心。这一结果说明当 J 老师预判自己能够教育好某个学生时，其对这个学生的教育情怀也可能会比较高。在以往关于中小学教师自我效能感的研究中，也出现了其能预测教师职业认同感、主观幸福感、工作满意度、职业倦怠的研究结果。比如，郭彪和付屹璇（2024）通过对 720 名西部地区中小学音乐教师的调查发现，教师自我效能感与职业认同之间存在正相关关系，而且教师工作投入在自我效能感与职业认同之间起独立中介作用。又如，张明等（2020）选取京津冀地区的全纳教育教师共 378 名作为调查对象，调查结果显示这些教师的自我效能感和工作幸福感之间均呈显著正相关。还有，邱化民、刘倩倩和石垠（2023）

通过对459名欠发达地区教师的问卷调查发现，教师人际信任对其工作满意度具有直接正向影响，且通过自我效能感和工作投入的链式中介发挥间接作用。另一项研究对442名幼儿园教师进行了调查，结果发现幼儿园教师的自我效能感与职业倦怠呈显著负相关（程秀兰等，2022）。

在真实的教育场域中，高自我效能感的教师在不同环境，尤其是困难环境中应对能力更强、应对方式更加有效，并且通常具有较强的自信，这种自信促使个体产生积极情感（赵玉芳，2022），从而增强对教育事业的热爱之情、坚守之志。据此可知，教师自我效能感作为支撑教师开展教育教学活动的内在引擎之一，的确很可能是教师教育情怀的保护性因子。

2. 教师尽责性人格的作用

本次研究的另一项发现是尽责性人格会影响J老师教育情怀水平。在所收集的访谈文本、班主任工作记录本等材料中，J老师表现出了一位高尽责性教师的主要特征。高尽责性的J老师对待教育教学工作，非常有条理、可靠、自律、有责任感、勤奋努力、追求卓越，能快速出色地完成自己的任务。所以，J老师具有较高水平的教育情怀也是顺理成章的。这也与先前研究者关于教师尽责性人格的相关因素研究结果类似，例如张晓芳和胡维芳（2020）的研究发现，高职教师的职业承诺与大五人格之间呈显著的相关性，且尽责性对其职业承诺有一定的正向预测作用。她们认为尽责性人格特质有利于提高高职教师的职业自信心，容易激发高职教师的教育教学热情，善于建立融洽的师生关系，从而自觉滋生职业的认同感和依赖感。又如，沈丽娟和王战锋（2023）调查了福建省幼儿教师人格特质及教学效能感的关系，结果显示尽责性对个人积极教学效能感呈显著正向预测作用。此外，另一项研究选取某东南沿海城市 398 名教师作为调查对象，测量了其人格特质与压力和倦怠水平，结果表明尽责性与人格解体、成就感低落显著负相关（孟慧等，2009）。从这些研究不难看出，尽责性人格特质也是教师做好教育教学工作的支持性因素，尽责性高的教师通常具有更强的成就动机，这使得他们在工作中感受到更高的满意度和效能感，且经历较少的职业倦怠，从而增加留任坚守教育事业的意愿。

3. 教师沟通表达能力的作用

个案研究结果还显示，J 老师的教育情怀与其自身具有非常优秀的语言表达能力有关系。在访谈中有学生提到，"J 老师上课的时候常常会富有感情色彩地讲述，可以引起了我们强烈的共鸣，收到以情感人的效果"（1-2-3）。可以推断，J 老师具有非常优秀的语言表达能力，能通过高超的语言艺术与学生共情，进而投射出自身内心的教育情感。教师高水平表达能力的积极作用，在其他关于教师素养的研究中也有相似的观点。比如，卜怡凡（2023）认为在教育教学中，如果教师不恰当地进行情感表达，无论是深层还是表层，都会对学生的发展或者师生关系产生影响。教师在工作过程中所获得的正向情感体验，既可以为其带来成就感、幸福感，也能够使其在工作中获得归属感、价值感。此外，王梦霏（2024）指出教师情感表达常被视作表达成某教育目标的重要手段，但这种情感表达应超越其仅仅作为教学手段的方法性存在，走向以人文关怀为基调、以涵情育人为目标的"育人智慧"。而且在兼顾"经师"规范与"人师"追求的基础上，最近多项研究实证结果表明教师沟通表达能力是新时代中国教师素养模型的重要组成部分（饶从满，吴琼，李晓，2024；吴琼，李晓，2024）。据此，具有感染力的情感表达力的确可以成为影响教师教育情怀水平的内在因素之一。

4. 教师教学与管理风格的作用

在本次研究中，其中的一个发现是 J 老师的教育教学与管理风格也会对其教育情怀产生一定的作用。这里的教育教学与管理风格包括 J 老师的教学风格和管理风格两个方面。首先，教师的教学风格是其教学理念在具体的教学实践中的具体反映（张霞霞，2016）。以往研究表明，教师的教学风格因素对学生的影响是隐性的、非强迫的、长期的，其影响主要以暗示、感染、复现等方式传递（李如密，黄慧丽，2013）。在这个传递过程中，学生以反映、认同、模仿和内化等过程接受影响，教师本人的情感也随之发生一些改变。比如吴红和王凤（2022）对数学教师的调查结果显示，幽默活跃型、严谨逻辑型、关爱分享型教学风格可以通过影响小学生学业自我效能感进而影响其课堂参与度。如前所述，学生的课堂参与度是影响教师教育情怀的重要推力，所以本次研究中 J 教师的教学风格会间接影响教师的情怀也有一定合理性。

其次研究结果还发现，教师管理风格如教学风格一般，也影响 J 老师的教育情怀水平。本个案中，教师管理风格，主要是其管理理念在班级等管理实践中的体现。根据学生访谈描述，J 老师作为班主任，其管理班级的风格是宽严相济型、民主型，充分发挥学生在班级管理中的自治功能（1-2-3）。可见，J 老师的班级管理风格得到了学生的认可，学生的认可与 J 老师在班级建设过程中的育人投入有密切的联系，并且这与 J 老师在班主任工作日志中自述时间、精力、情感高度投入相互印证。因此，师生在班级建设中的良性互动和建设成果，给教师带来较大的育人成就感，造就了师生对班级的情感归属。

五、研究结论

本次研究选取了一位拥有 12 年教龄的中学班主任教师为典型个案,通过全面收集其教学文本资料、课堂教学视频资料、重要他人访谈音频资料,并基于角色理论对上述资料进行了深度的分析,得到以下几点结论:(1)J 老师扮演了学生成长的师者身份、班级建设的关键人物、全员育人的核心力量和家校合作的引导力量四种角色;(2)J 老师在扮演这四种角色的过程中,其教育情怀受到多种因素的影响,影响因素因不同角色而有所差异;(3)影响 J 老师教育情怀的外部力量主要包括社会支持、学生态度、学校保障、家校交互四个方面,内源力量主要有教师的自我效能感、认真负责的人格特质、沟通表达的能力、教育教学与管理风格等因素。

第四节 基于评价工具的新时代教师教育情怀影响因素测度

在人工智能时代,教师的角色和教学方式正在经历前所未有的转变。当下的教师不仅是知识的传递者,更是学习的引导者、创新的激发者和情感的关怀者。在某种意义上,教师的教育情怀成为其在人工智能时代安身立命的核心竞争力。培育新时代教师的教育情怀是建设"教育强国"的重要举措,对推进新时代高质量教师队伍建设具有重大意义。

一、测评目的

根据未来社会中可能出现的学习形态新特征,教师角色将被重新表述为"师者，所以引领关怀助长也"。展开来说，就是"以鸿鹄之志引领，以仁爱之心关怀，以专业之力助长"（杨小微，夏静芳，2024）。教育情怀作为中国未来教师的三大核心素养之一，得到全方位、有深度、成系统的研究，方能为我国培养适应未来教育的教师提供可靠的理论支撑。然而如第一章所述，中国学者对教师教育情怀的内涵阐释、典型表现、功能价值、培育困境与策略四大领域开展了比较深入的探讨，唯独对影响教师教育情怀的具体因素研究还不够深入。本书第三章通过访谈、叙事分析、个案分析等质性研究的方式，初步提取了影响不同教师群体教育情怀的若干因素。这些教师群体包括师范生、乡村小学教师、中学班主任教师，影响他们教育情怀水平的因素大致分为内源性力量和外部支持条件两类。虽然前三节已经识别并归纳了这些可能影响教师教育情怀的因素，但是在当今人工智能与教育深度融合的实践背景下，家人支持、学生投入等这些外部因素是否真的会改变教师的教育情怀水平？究竟还有哪些教师内在的特征因素能促进教师展现乐教爱生、甘于奉献的仁爱之心？目前，尚缺乏非常有力的量化数据证明它们的具体作用。

所以，这一节我们采用第二章第五节设计的《新时代教师教育情怀评价表》作为测评工具，通过问卷调查法，广泛地采集职前教师、不同学段在职教师群体的教育情怀相关数据，尝试系统论证哪些影响因素可能会对教师教育情怀产生真实作用。

二、测评方法

（一）测评对象

本次调查包括 2 个群体，样本 1 是在职教师群体，样本 2 为职前教师群体。样本 1 的在职教师总数为 567 人，性别、年龄、婚姻状况、学历、所教学段等人口学变量分布情况见表 3-10。

样本 2 的测评对象都是职前教师，总数为 426 人，均为大学二年级师范生，包括小学教育、体育教育、英语（师范）、汉语言文学（师范）、数学与应用数学（师范）、思想政治教育等师范专业。

表 3-10 样本 1 测评对象人口学变量情况（N=567）

人口学变量名称	分类	人数	百分比
性别	男	154	27.2%
	女	413	72.8%
年龄段	18—25 岁	313	55.2%
	26—35 岁	178	31.4%
	36—60 岁	73	12.9%
	60 岁以上	3	0.5%
所教学段	幼儿园	2	0.4%
	小学	410	72.3%
	初中	59	10.4%
	高中	2	0.4%
	大学及以上	94	16.6%
学历	大专及以下	22	3.9%
	本科	416	73.4%
	研究生	129	22.8%
婚姻状况	已婚	118	20.8%
	未婚	449	79.2%
政治面貌	中共党员	134	23.6%
	民主党派成员	9	1.6%
	群众	424	74.8%

（二）测评工具

本次调查所用问卷内容包括了之前编制的评价工具《新时代教师教育情怀评价表》的题项以及影响因素题项（详细情况参见附录5）。其中，《新时代教师教育情怀评价表》分为认同、热爱、坚守3个维度，共包含10个题项。代表性题项如：我发自肺腑认同教师教育教学的职业效能。影响因素题项共20个，分为性别、年龄、所教学段、收入、性格类型等教师因素，学校氛围、管理制度等学校因素，学生学习动机、学生成绩等学生因素，家人支持、职业地位、榜样前辈、家长配合度等社会条件因素。在本次研究中，整个调查问卷的信度为0.842，师范生填答《新时代教师教育情怀评价表》的信度为0.948。

（三）测评程序

本次问卷调查采用方便抽样法，通过问卷星网线上发放问卷的形式，邀请教师自愿进行作答。样本1中每个被调查者完成30个题项，用时大约10分钟，调查数据采集时间跨度为2024年11月至12月。数据采集结束之后，运行SPSS软件进行统计，包括描述性统计、t检验、方差分析、相关分析、回归分析等。样本2的每个被调查者仅完成测查教师教育情怀水平的10个题，该样本的数据采集方式、分析方法和样本1一致。

三、测评结果

（一）描述统计结果

通过对样本1的数据进行描述性统计，结果显示新时代教师的教育情怀得分均值为4.45，标准差为0.63；教育情怀中的认同之感、热爱之情、坚守之志的均值依次为4.48、4.44、4.43。

表 3-11　新时代教师教育情怀的描述性统计（*N*=567）

变量	*M*	*SD*	偏度	峰度
教育情怀	4.45	0.63	−1.55	3.98
认同	4.48	0.71	−1.62	3.42
热爱	4.44	0.63	−1.43	3.59
坚守	4.43	0.71	−1.34	2.31

样本 2 中师范生的教育情怀平均值为 4.68，标准差为 0.46；教育情怀的认同、热爱、坚守三个维度的均值依次为 4.76、4.63、4.65。

（二）差异分析结果

为了解不同性别、年龄段、学段、学历、婚姻状况、政治面貌的教师是否存在教育情怀水平的差异，本次研究对样本 1 的数据进行了独立样本 *t* 检验和单因素方差分析，统计结果如表 3-12 所示。结果显示，新时代教师的教育情怀水平在上述人口学变量上均没有显著性差异，说明参与本次调查的不同性别、年龄段、学段、学历、婚姻状况、政治面貌教师的教育情怀水平相当。

表 3-12　新时代教师教育情怀在不同人口学变量上的差异分析（*N*=567）

人口学变量名称	分　类	*M*	*SD*	*t*/*F*
性别	男	4.40	0.73	−1.01
	女	4.46	0.59	
年龄段	18—25 岁	4.55	0.64	1.16
	26—35 岁	4.42	0.63	
	36—60 岁	4.46	0.68	
	60 岁以上	4.85	0.21	

人口学变量名称	分　类	*M*	*SD*	*t/F*
学段	幼儿园	4.55	0.64	1.16
	小学	4.42	0.63	
	初中	4.46	0.68	
	高中	4.85	0.21	
	大学及以上	4.56	0.58	
学历	大专及以下	4.40	0.48	0.94
	本科	4.43	0.64	
	研究生	4.51	0.61	
婚姻状况	已婚	4.49	0.62	0.78
	未婚	4.44	0.63	
政治面貌	中共党员	4.53	0.68	1.69
	民主党派成员	4.50	0.35	
	群众	4.42	0.61	

（三）相关分析结果

在差异分析之后，对教师身体状况、家人支持态度、学校人际氛围等 11 个变量与教师的教育情怀进行了相关分析，相关系数结果见表 3-13。结果显示，除了非教学任务量与教师教育情怀相关不显著以外，其余 10 个变量均与教师的教育情怀之间存在正相关关系，相关系数为 0.18—0.37。在这些显著正相关的影响因素中，学校环境因素包括学校人际氛围、学校管理制度、学校教学硬件，社会支持因素包括家人支持态度、教师社会地位、周围前辈示范、学生家长配合，教育对象因素包括学生学习动机、学生学习成绩，教师身体状况属于个体因素。根据影响因素的分类，进行下一步的回归分析。此外，本次研究将教师的等级变量收入和教育情怀进行相关分析，结果发现等级系数为 0.012，未

表3-13　新时代教师教育情怀与其他变量的相关系数（N=567）

变　量	1	2	3	4	5	6	7	8	9	10	11	12
教师教育情怀	1											
教师身体状况	0.21**	1										
家人支持态度	0.18**	0.31**	1									
周围前辈示范	0.34**	0.31**	0.33**	1								
学校人际氛围	0.37**	0.31**	0.32**	0.52**	1							
学校管理制度	0.30**	0.32**	0.24**	0.41**	0.58**	1						
学校教学硬件	0.24**	0.25**	0.17**	0.37**	0.45**	0.54**	1					
非教学任务量	-0.05	-0.16**	-0.07	-0.05	-0.14**	-0.24**	-0.12**	1				
学生学习动机	0.23**	0.28**	0.24**	0.36**	0.34**	0.38**	0.39**	-0.15**	1			
学生学习成绩	0.2*	0.30**	0.27**	0.30**	0.36**	0.36**	0.31**	-0.15**	0.63**	1		
学生家长配合	0.33**	0.36**	0.27**	0.44**	0.45**	0.47**	0.37**	-0.13**	0.48**	0.47**	1	
教师社会地位	0.27**	0.28**	0.25**	0.35**	0.48**	0.40**	0.40**	-0.16**	0.44**	0.50**	0.50**	1

备注：表中变量依次编号为1—12，*代表$p<0.05$，**代表$p<0.01$，***代表$p<0.001$，下同。

达到显著水平。

（四）回归分析结果

为了弄清上述正相关的因素能在多大程度上解释教师的教育情怀水平，本次研究将9个不同类型的外部影响因素作为自变量，教师的教育情怀作为因变量，进行了多元回归分析，分析结果见表3-14。结果表明，9个因素中仅学校人际氛围、周围前辈示范、教师社会地位变量的标准化回归系数达到显著水平，这3个因素与教师教育情怀的多元回归系数为0.44，多元回归系数的平方为0.19，说明学校人际氛围、周围前辈示范、教师社会地位3个外部因素共解释教师教育情怀变量19%的变异量。

表3-14　9个影响因素对教师教育情怀的多元回归分析结果（ N=567）

预测变量		B	标准误	β	t
截距		2.90	0.18		15.78
学校环境因素	学校人际氛围	0.15	0.05	0.17	3.11**
	学校管理制度	0.05	0.04	0.06	1.16
	学校教学硬件	0.01	0.04	0.01	0.25
社会支持因素	家人支持态度	0.01	0.03	0.02	0.36
	周围前辈示范	0.09	0.03	0.14	2.82**
	学生家长配合	0.04	0.04	0.05	0.92
	教师社会地位	0.10	0.03	0.14	2.90**
教育对象因素	学生学习动机	0.02	0.04	0.03	0.50
	学生学习成绩	−0.03	0.04	−0.04	−0.68
R=0.44，R^2=0.19，调整后的 R^2=0.18，F=14.41***					

四、讨论分析

（一）教师个体因素对新时代教师教育情怀的影响

1. 人口学变量

本次调查结果发现，教师的教育情怀在性别、年龄段、学段、学历、婚姻状况、政治面貌上没有显著差异，教师收入也与其教育情怀没有显著的相关关系，这提示我们7个人口学变量对教师教育情怀没有显著的影响。结果中，性别、年龄段、学段、学历、收入、政治面貌不影响教师的教育情怀水平，比较符合之前的预期，也符合教育实践观察的结果。比如，本书第三章第二节的叙事研究中32名乡村小学教师的教育情怀影响因素就不涉及性别、年龄段、学段、学历等因素的作用。其次，蔡其勇和首新（2024）对中国四省市PISA（2015）乡村教师数据进行分析得到，性别、年龄、学历、教龄对其教育情怀没有显著性影响。类似的结果也出现在另一项关于农村幼儿园教师的研究中，被调查的幼师地位认同在学历、是否公办、所在地、专业背景、经济区域等方面不存在显著差异（王涛，刘善槐，2024）。再者，屈红艳和朱家德（2021）采用教育叙事研究方法，深入探究刘业庆从乡村教师发展成为国家教学名师的成功个案，在其教育情怀生成过程中，几乎没有提及人口学变量的作用。而且，关于教师教育情怀的养成路径和策略研究中，大多是从政策、学校、教师等视角提出若干培育措施（王萍，李雨露，2022；闫思宇，2024），均未立足人口学变量的角度分析养成方法。

不过，到目前为止仅有个别关于师范生群体教育情怀的研究，发现了性别、年级和民族差异。比如，杜玉和边仕英（2024）对民族地区2500名师范生的乡村教育情怀进行调查，结果发现男生比女生从教动机强，大三学生的乡村教育情怀较弱，少数民族学生乡村教育情怀显著高于汉族学生。该研究群体是职前教师，本次研究群体是在职教师，这两个群体在教育实践中对德育教育的理解不同、对寓教于乐的情感教育注入的感情不同、对涵养课程灵魂教育的感悟不同（荣宁，侯晓强，2020），所以调查结果存在一定的差异是正常的。

人口学变量中，还有一个值得注意的结果是婚姻状况也不影响教师的教育情怀水平，这与前人的研究结果有相通之处。前人研究发现工作—家庭平衡是影响教师工作投入、工作满意度的重要因素。例如，有研究表明高校青年教师的工作—家庭平衡与其工作投入之间均存在显著正相关关系，生育对工作投入有显著的正向作用，但是婚姻状况不影响教师的工作投入（白丽，2024）。类似地，另一项研究也发现工作—家庭平衡能显著预测工作生活满意度，教师婚否以及是否担任班主任在工作—家庭平衡上没有体现出显著差异（郭学君，周眉含，邵光华，2021）。这说明教师结婚与否，并不是工作家庭平衡结果的直接指标，可能与不同教师在工作—家庭平衡上的处理方式和结果的差异有关。正如曾练平等（2021）基于潜在剖面分析探讨了中小学教师工作—家庭平衡的异质性，发现矛盾型的教师更多地感受到工作对家庭的负面影响，但同时也感受到了家庭对教师工作具有较大的促进作用；平衡型教师能够较好地平衡工作家庭关系，工作与家庭具有良好的促进作用；活跃型教师的工作与家庭存在较大的相互侵扰，同时工作与家庭也存在较大的相互促进作用。所以结婚与否与教师教育情怀没有必然的联系，要看教师能否平衡家庭与工作的关系。总体说来，本次研究认为人口学变量对教师的教育情怀几乎没有直接影响。

2. 教师身体状况

相关分析结果表明，参与本次调查的教师身体状况与其教育情怀之间正相关。这一结果符合研究预期，也肯定了身心发展一致的观点。事实上，身体似乎因为太过寻常而长期为人们所忽视，疾病及其引发的连锁反应是我们重视身体感受乃至关注身体存在的标志性事件（陈南，2021）。在教师群体中亦是如此，身体健康状况较好时，关注身体背后的精神和意义（如教育情怀）总是多于关注身体本身；当教师的劳动休息、疾病健康等看似"形而下"的身体范畴受到一定威胁时，对精神、情感层面的关注也随之减弱。这种身心共变的规律提示，教育生活中教师的身体价值需要回归，应实现教育生活中教师身体的转向，改善教师身体生存空间、给予教师身体适度自由（周福盛，李先花，2023）。简言之，教师要做到健康生活与工作的动态平衡，理想型的"三角平衡"，结构层面上工作与生活之间的距离维持恒定、共构关系保持固定，行动层面上教师的身体处于稳定状态，没有分身乏术之困，不会轻易地陷入"时间饥荒"之中（陈南，2023）。遗憾的是，本次研究没有将该变量对教师的教育情怀进行回归分析，进一步探查身体健康状况能否预测教师的教育情怀水平。后续研究会采集更多可以改变的教师内部因素，考察身体健康状况、价值认知偏好等因素的预测作用。

3. 教师性格类型

习近平总书记强调，人格是一个人精神修养的集中体现。老师的人格力量和人格魅力是成功教育的重要条件（石中英，安传迎，2022）。可见，教师的人格特质可能成为影响教育效果的重要因素。本次研究结果显示，具有内倾型人格或外倾型人格的教师教育情怀水平相当。这说明，热情洋溢、能量充沛、善于社交的外倾型人格的教师，与深思熟虑、独立思考、善于倾听的内倾型人格的教师拥有相同水平的教育情怀。究其原因，可能与两种性格类型在教师的教育生活中具有各自的优势有关。一方面，外倾型的教师总是充满活力，善于用他们的热情激发学生的兴趣和参与，擅长与学生、家长和同事建立良好的关系，容易展现出自己的教育情感。另一方面，内倾型的教师通常是优秀的倾听者，愿意花时间理解学生的观点和需求，对教学的热爱是深沉而持久的。

虽然本次研究中内倾型和外倾型人格不影响教师的教育情怀水平，但是已有研究证明了其他人格特质会对教师的职业认同、工作投入、离职意向和职业倦怠等方面产生影响。比如，黄杰、朱丹和杨澳（2023）的研究结果表明，主动性人格对实习教师职业认同有显著的正向影响，高主动性人格的实习教师在机遇识别和利用、自发性、前瞻性和变革性等方面具有明显优势，并积极将这种主动性意愿转化成实际行动。又如，谢姗姗等（2024）基于潜在剖面分析，发现职业人格潜在类型对职业倦怠和工作投入具有显著影响，即职业人格与职业倦怠显著负相关、与工作投入显著正相关。还有曾玲娟等（2023）的研究表明，小学教师的外向性人格能显著正向预测职业认同，并显著负向预测离职意向。此外，杨一鸣等（2021）的调查研究表明，中小学教师性格优势及其各维度与工作满意度呈显著正相关，与职业倦怠呈显著负相关。与工作满意度相关程度最高的性格优势为意志力优势，与职业倦怠相关程度最高的优势是意志力与亲和力优势。因此，人格因素对教师情感的作用，仍旧不可忽视。下一步研究，将充分考察乐观、宽容、勇气、坚毅等其他人格特质对教师教育情怀的影响。

（二）学校环境因素对新时代教师教育情怀的影响

1. 学校人际氛围

教师的教育情怀被视为促进其专业发展的重要动力，人际氛围被看作是学校心理环境的核心评价指标。本次研究的回归分析结果显示，学校环境因素之人际氛围能显著正向预测新时代教师的教育情怀。结果表明，学校的人际氛围越融洽，越有利于提升新时代教师的教育情怀。这一规律非常契合以往国内外相关研究的结果，也能解释当前"好学校塑造好老师"的教育现象。在理论层面，以往诸多国外研究证实，学校组织氛围是支持教师生涯发展和专业成长的重要环境因素，积极的学校文化、组织公正性或支持自主性的环境与教师的福祉正相关（Hascher & Waber，2021；Jones et al.，2019；Ebersold et al.，2019）。针对国内不同教师群体的不少研究也表明，学校组织气氛会影响教师的工作满意度和幸福感。一项关于特殊教育教师的研究发现，学校组织气氛对特殊教育教师工作满意度有显著的正向预测作用（夏巍等，2024）。另一项关于台湾偏远地区 374 名中小学教师的调查结果显示，学校组织气氛对离职倾向有直接影响，在幸福感和离职倾向之间起调节作用（张正平，邱龄莹，陈羿君，2017）。此外，学校人际氛围利于教师教育情怀养成的结果还支持了人—职匹配一致性理论（Ehrhart & Makransky，2007），即良好的工作环境有助于促进教师职业适应和发展。在现实层面，积极的学校组织环境中，教师更能够感受到同事之间的相互合作、领导对教师的尽力帮扶和支持，以及由此形成的融洽同事关系、上下级关系，这些都有助于提高新时代教师的工作积极性与参与度，促进其积累更多正向的教育情感，增加其对教师工作的认同之感和坚守之志。

2. 学校管理制度和教学硬件

教学硬件可归为学校物理环境和软件环境，管理制度属于学校软件环境。与学校人际氛围不同，学校环境因素中的管理制度和教学硬件两个因素与新时代教师的教育情怀之间存在低程度的正相关，但尚不能显著预测教师的教育情怀。这一结果提示，宽敞明亮的教学楼、先进的教学设备、标准化的操场和体育馆等学校教学硬件，以及公平公正、透明公开、规范合理的管理制度与教师形成深厚的教育情怀可能有一定的关系。然而，导致这两个学校环境因素对教师教育情怀的预测作用不显著的原因，可能与本次调查取样的学段不均衡有关。参与本次调查的对象主要是小学教师，目前我国不同地区小学的教学硬件水平差距不大，学校管理制度也大多沿用地方教委统一的方案或文件。因而，才出现了以小学教师为主体的本次研究对象在感知到的学校管理制度和教学硬件对其教育情怀影响不大的结果。

目前学界已有关于高校管理制度、教学条件等对教师影响的研究成果，可以为本次研究相关分析结果提供一些佐证。学校管理制度方面，近期包水梅和刘航（2024）基于新中国成立以来256份相关政策的文本分析发现，高校管理制度的公正性维度最受重视但存在轻实质公正的问题，从而影响了教师对高校的认可。更早的研究如赵秀文（2011）认为长期以来，在"控制"理念的主宰下，学校管理制度的建设陷入了某些误区，使得学校管理制度不仅不能促进教育目标的实现，反而成为教育发展的障碍和限制，也制约了教师的专业发展。可见，学校管理制度的确是影响教师职业发展的重要环境因素。教学条件方面，也有研究立足当前人工智能发展的相关背景，提出了学校实验实训平台建设在教学管理、内容更新、教学方法创新方面的思路与对策，并阐述了这种改进对职业教育教师发展的影响（孟繁兴，2024）。另外，郑艺等（2020）基于北京理工大学工程训练中心材料成型实践创新平台的建设与运行中的情况，论述了一些高校实验实训平台建设存在硬件设施不充足、发展不均衡等问题，从而制约不分实验实训室专技人员队伍的发展，并基于 OBE（outcome-based education）理念提出了一些改进的措施。这些研究都说明了学校教学硬件对教师专业发展的重要性，尤其是在数字化时代，智能黑板、投影仪、电脑和互联网等教学硬件的运用不仅改变了教学方式，丰富了课程教学内容与深度，提高了课堂教学的互动性和吸引力，也为教师的专业发展提供了新的动力。

新时代的教育实践中，学校管理制度的规范、公正、透明、有效程度及其执行情况，不仅为教师提供了一个明确的工作框架，而且通过其结构和政策，能够激励和引导教师朝着专业成长的方向努力，也关系到教师对教育教学工作的热情和投入。同时，良好的学校教学硬件资源不仅改变了教师教学的面貌，也为实现教育的现代化和高效化提供了技术支持。简言之，我们依然认为学校良好的管理制度和教学硬件是有利于教师教育情怀养成的外部条件。

（三）社会支持因素对新时代教师教育情怀的影响

1. 周围前辈示范

回归分析结果还发现社会支持因素中，周围教育前辈、优秀教师的示范作用能显著地正向预测教师的教育情怀。该结果表明，在教师日常生活与工作能接触的范围内，如果存在一些乐教爱生、甘于奉献教育事业的前辈老师，他们将成为鲜活的模仿学习目标，进而促进其教育情怀的养成。这一结果与第三章的叙事研究结果中带教师傅对乡村小学全科教师教育情怀的积极作用类似，也解释了为什么高校在师范生培养过程中，非常注重榜样的力量对他们成长的影响。比如，王守军（2022）认为高校邀请各类获奖教师代表来校与学生交流，要让一线名师、名校长讲好成长故事，以榜样力量引导师范生涵养教育情怀。还有，张子奇、李惠玲和王婷（2024）采用内容分析法对反思日记进行分析，探讨"双师型"教师在临床中的榜样示范作用，结果提示"双师型"教师的榜样示范作用可以有效激发大学生主动学习与探索，促进其职业认同，故高校应重视"双师型"师资队伍的遴选与培训，充分发挥其对大学生的榜样示范功效。

由此看来，榜样的确能够激发教师发展的内在动力。现实中，教师看到同行中的佼佼者能够取得显著的成就，可能会唤醒其自我提升、追求发展的欲望，促使他们设定更高的职业目标；同样，优秀的榜样教师往往能够传递出对教育事业的热爱和对学生的深切关怀，这种价值观的传递对于培养新手教师具有重要意义。然而，在新媒体环境中，信息传播速度变得越来越快，现代化和大众化的信息呈现方式给新时代的榜样教育带来冲击和挑战（钱朝琼，桂石见，2019）。来自不同网络媒体的那些异质化价值观，以及各种网络造谣者编造关于现有榜样的负面信息，逐渐消解先进教师榜样的崇高形象。所以，在发挥榜样对新时代教师的感染、熏陶过程中，网络媒体的正面引导与合理管控必不可少。

2. 教师社会地位

一般而言，教师的社会地位可以通过其在政治（法律）、经济和专业（职业）领域的地位及其社会声望所体现（荀渊，曹荭蕾，2023）。在本次调查结果中，最后一个能正向预测教师教育情怀的变量就是教师的社会地位。这一结果符合研究预期，说明了国家和政府对教师的重视，教师获得相对合理的收入和经济条件，教师专业性的教育教学工作价值实现，社会公众对教师职业的积极评价都会促进这个时代教师的教育情怀水平的提升。如此结果既有前人相关研究的佐证，也符合教育情境的历史期待。

在儒家思想影响下的中国传统社会，教师的地位与天地、君王、祖先并列，被称为"礼之三本"，他们不仅是知识的传播者，也是社会道德和秩序的维护者。新中国成立后，中国教师的地位经历了初步探索、恢复重建、稳步发展、法治保障、全面深化五个发展阶段（李廷洲，张念，秦志莲，2024）。如今，提高教师地位待遇是世界范围内的战略共识，也是我国教育政策的关键议题。一项基于东中西3省1808名教师的调查结果显示，主观社会地位对教育情怀具有显著的正向影响，感知社会支持和主观幸福感在主观社会地位对教育情怀的影响之间发挥链式中介作用（王文静，2024）。还有一项基于22369份教师问卷的实证分析发现，教师荣誉制度对提升教师社会地位具有显著的直接效应和间接效应，社会氛围、专业地位发挥独立中介作用和链式中介作用（王晨娅，潘岳林，孙天，2024）。与之类似，贾丽阳和沈国琪（2022）以河南省郑州市六区五市幼儿园教师为调查对象，结果发现社会地位、人格特质与公众认可度之间呈现显著相关，公众认知对幼儿园教师职业地位评价、工作投入有显著影响。不难理解，提升教师社会地位可以激发教师的工作热情和动力，增强教师的职业自豪感和归属感，使他们更愿意投入时间和精力去投身教育事业。

3. 家人支持态度和学生家长配合

本次研究相关分析结果发现，社会支持中的家人支持态度和学生家长配合两个变量也与教师的教育情怀显著正相关。这说明，虽然已婚和未婚教师的教育情怀水平没有差异，但能够得到家人的支持是其从事教育教学工作时展现教育情怀的重要推手，而且家长积极配合教师教育教学工作形成合力共育也有助于提升教师的教育情怀。显而易见，这两个社会支持因素是教师顺利开展工作、促进学生的成长和发展的重要助力，已经得到了其他研究者有关教师职业倦怠、职业幸福感、职业满意度研究结果的佐证。

家人支持态度方面，周化娟（2023）选取湖南省耒阳市 400 名已婚已育教师作为调查对象，研究了家庭支持与职业倦怠的关系，结果表明教师的工作家庭冲突与职业倦怠呈显著正相关，与家庭支持呈负相关；在中学教师的家庭支持中，相较于工具性支持，情感性支持与工作家庭冲突以及职业倦怠各维度的相关性更为显著；而且，家庭支持在中学教师工作家庭冲突和职业倦怠中起着中介作用。另一项针对 450 名中小学教师的问卷调查研究也发现，家庭支持能够显著正向预测中小学教师的职业幸福感，且工作—家庭增益在家庭支持对教师职业幸福感的影响中起部分中介作用（于莹，2023）。概括说来，家庭成员的支持态度、和谐的家庭关系可以帮助教师在工作和家庭之间找到平衡，使他们更加热爱自己的工作，从而提高职业认同感和幸福感。

学生家长配合方面，卢冬君（2024）在合作博弈视域下，归纳出当前的家校合作存在理性不足、欠缺约束、权益不对等、不确定性因素较多等问题，这些问题的存在严重影响了双方合作共育的效果，也降低了教师的职业效能感。而良好的家校合作能够加强家长与教师之间的沟通，更好地理解孩子的需求和进步，从而提供更有针对性、富有效果的支持，教师也会对自己的职业感到更加有意义和满足（李娟，谷思艺，李超群，2024）。所以本次研究结果提示，家长积极配合教师开展教育教学活动可能会强化教师的教育情怀，这一规律既符合现实情况，也有部分学理支撑。

至于回归分析结果，家人支持态度和学生家长配合两个因素的回归系数均不显著，可能与以下两个原因有关。第一，样本数量还不够庞大，且取样教师群体上可能有些偏差。家校沟通最为频繁的高中和幼儿教师群体占比过少，家校沟通极少的大学教师人数占比较高，很可能导致了被调查者的回答未能反映教师群体教育情怀与家校合作因素的全貌。第二，两个外部因素并非直接作用于教师的教育情怀，可能还有其他中介变量作为发生反应的桥梁，从而降低了两者之间的直接相关程度。因此，未来研究需补充幼儿教师和高中教师两个群体的数据，并尝试寻找可能的中介变量，方可全面展示出两个变量的真实关系。

（四）教育对象因素对新时代教师教育情怀的影响

1. 学生的学习动机

本次调查结果还显示，学生的学习动机与教师的教育情怀显著正相关。两者的正相关关系表明，学生越学习勤奋努力，教师越认同自己的职业价值、越热爱教书育人事业。这一结果与本书第二节的叙事研究、第三节的个案研究结果一致，也得到了前人有关教师关怀、支持与学生学习动机、投入关系研究的佐证。比如，郭丽君和胡何琼（2022）研究了在线教学与大学生学习满意度的关系，结果显示学习投入、教师关怀和学习满意度显著正相关。另一项关于视力障碍学生英语学习动机的特征及其与教师支持的关系研究发现，教师支持与视障学生英语学习动机显著相关（朱楠等，2021）。在真实的学校情境中，学生的学习投入也会影响教师的情绪状态和工作满意度。在一个充满活力和好奇心的班级中教学，教师更容易感到快乐和满足，这有助于减少职业倦怠，提高工作幸福感。相反，如果学生缺乏学习动力，教师可能会感到挫败和沮丧，这不仅影响教学质量，也可能对教师的心理健康产生不利影响。由此可知，学生的学习动机的确与教师的教育情怀表现有一定的关系。

2. 学生的学习成绩

与学习动机一样，学生的学业成绩也与教师的教育情怀正相关。相关分析结果说明，学生取得的学业成就越大，教师的教育情怀水平就越高。这就能解释在教育一线当学生在考试中取得好成绩时，教师会因为学生的成功而感到自豪，也会感到自己的教学方法和努力得到了认可，这种成就感能够极大地提升教师的自信心和职业满足感，这种正面反馈可以激励教师继续追求卓越、充满教育情怀。同样，学界对学生学业成绩的相关研究也能为这一研究结果提供一些证据。就如，梁文艳和孙冉（2020）采用PISA2015中国四省（市）数据，以科学学科为例，探究了教师合作如何提升学生学业成绩，结果发现科学教师的合作行为、教学实践、学生科学学习动机以及科学成绩之间均显著正向相关。还有，王国霞和赵扬（2022）通过对37篇教师自主支持与学生学业成就的实证研究进行元分析，教师自主支持显著正向预测学生学业成就，学生的需要满足及动机在教师自主支持对学业成就的影响中起中介作用。虽然这些研究都证明了教师对学生学习成就的积极作用，尚未考查学生优秀的学业成就给教师教育情怀带来的影响，但教师支持合作与学生学习成就之间的相关关系不可否认。

此外，本次研究的另一个不足就是回归分析结果中，学生的学习动机和学业成绩两个教育对象因素对教师教育情怀的预测作用不显著。原因可能如同上述两个研究表明的，大众更多认可的是教师作为教育者，通过其教育教学行为影响学生的学习成就。为弄清学生因素与教师教育情怀双向关系的可能性，下一步研究将综合考虑学生的学习成绩客观数据、学生学习动机的自评数据，再次验证两者与教师教育情怀之间的预测关系。

五、测评结论

本次研究运用问卷调查法，分析了影响新时代教师教育情怀的主要因素，得到如下几点结论：（1）性别、年龄段、学段、学历、婚姻状况、政治面貌、收入等人口学变量对教师的教育情怀没有影响；（2）教师身体状况、家人支持态度、学校管理制度、学生学习动机等 11 个变量与教师的教育情怀显著正相关；（3）学校人际氛围、周围前辈示范、教师社会地位三个因素能显著正向预测教师的教育情怀，建设和谐的学校人际氛围、塑造教育情怀示范榜样、提升教师的社会地位是促进教师教育情怀养成的有效路径。

本章小结

第三章围绕新时代教师教育情怀的影响因素这个主题展开研究。既有对师范生的深度访谈、小学全科教师的教育叙事、中学班主任的个案探索等质性分析，也有覆盖新时代教师整个群体的抽样量化调查。这 4 个研究的结果比较一致，全方位挖掘出了影响新时代教师教育情怀的主要因素，分别来自社会、学校、教师、学生 4 个方面，每个方面都有至少 3 类因素起作用，这些研究发现为下一章提出新时代教育情怀的培育策略提供了明确可靠的方向。

第四章　新时代教师教育情怀的培育策略

第一节　新时代职前教师教育情怀养成策略

师范教育培养的教师人才最终服务于"办好人民满意的教育"的总体奋斗目标，教师人才培养的视野应安放在人民这里，最终要满足广大人民对教育的诉求（朱江华，2024）。为满足这一诉求，2017 年 10 月教育部关于印发《普通高等学校师范类专业认证实施办法（暂行）》的通知（教师〔2017〕13 号），正式启动普通高等学校师范类专业认证工作，制定了涵盖学前教育、小学教育和中学教育、职业教育和特殊教育的专业认证标准。此次师范类专业实行三级监测认证，以"学生中心、产出导向、持续改进"为理念，旨在扎实推动师范院校特色发展、追求卓越，从源头上培养新时代高素质专业化创新型教师。

一、新时代职前教师教育情怀培养存在的具体问题

目前，已有部分承担了师范生培养任务的高校陆续申请了专业认证，并接受了教育评估机构组织专家现场考查，经教育部高校师范类专业认证专家委员会审定后取得认证结论以及相应的

整改报告。认证结论分为"通过，有效期 6 年""有条件通过，有效期 6 年""不通过"三种。后两种结论的整改报告显示，已参加专业认证的多数高校在培养师范生的"教育情怀"这一毕业要求指标上存在问题较多，人才培养工作需做出大幅度的改进（邓涛，李慧，孔凡琴，2024）。根据不同类型教育的专业认证标准，教育情怀指标要求师范生具有从教意愿，认同教师工作的意义和专业性，具有积极的情感、端正的态度、正确的价值观；具有人文底蕴和科学精神，尊重学生人格，富有爱心、责任心、事业心，工作细心、耐心，做学生锤炼品格、学习知识、创新思维、奉献祖国的引路人。教育情怀是保证师范生未来能够安心地任教、负责任地任教、有爱心地任教的内在专业心境和情感依附。2022年，我国教育部等八部门印发《新时代基础教育强师计划》（教师〔2022〕6 号），提出"改革师范院校课程教学内容，改进教学方法手段，强化教育实践环节，提高师范生培养质量"。这些目标的实现，需要由师范院校落实。然而，在部分高校师范生培养的实际教育教学工作上，不同程度地存在着偏重师范生专业知识与技能的训练，弱化甚至忽视师范生教育情怀的涵养和陶冶的弱点，迷失在"功利化""模式化"的工具理性技术藩篱中。教育情怀培养问题的具体表现及原因分析如下：

（一）课程设置注重专业技能，淡化师范生教育情怀培养

一个师范生是否愿意从事教育事业，是否认同教师身份，很大程度上取决于其所在高等师范院校的培养模式，其中课程设置是师范生对培养模式最直接的感知。多数高等师范院校的课程设置包含公共基础课程、学科专业课程和教育类课程三类，这种课程结构布局是符合教育部发布的《教师教育课程标准》（试行）（教师〔2011〕6 号）的设置要求的。但在人才培养的实践中，培

养师范生的课程设置却出现了重学科课程、技能型教育类课程的偏颇，减少或未开设培养师范生教育情怀的课程。这种操作违背了上述课程标准的首要培养目标——教育信念与责任，以及基本理念——育人导向。师范院校课程设置过分看重师范生教学技能培养，也不符合教师职业心理素质模型的要求。在解释教师职业心理素质的洋葱模型中，最表层的是知识与技能，而中间层是角色、价值观，最核心的是个性与动机（程翠萍等，2022）。显然，师范生课程设置只注重专业技能只能培养教师素质的最表层，而属于最核心部分的教育情怀却被忽视，很容易导致培养出的教师只会教书，不会"育人"。

（二）部分教师敬业精神弱化，鲜有示范自身的教育情怀

"学高为师，身正为范"是公众对教师职业最直观的赞誉。高等师范院校的教师，作为"教师的教师"，也称为教师教育者，更应该以身作则，饱含教育情怀地把教育当成自己的终身信仰，而不再是单纯谋生的职业。如果说师德是外在的道德规范和行为准则，那么教育情怀则是内化的教育信仰和职业坚守，正所谓"育人必先育己"（徐森、宋崔，2023）。然而，在教育现实中，高等师范院校的部分教师与这一职业角色要求相差甚远。这些教师没能给师范生树立良好的榜样，爱岗敬业意识淡薄，注重个人功利收获，"编书""办班""做课题""写论文"，乐此不疲。相反，一些教师教育者在自己的本职的课程教学工作中，缺少教书育人的示范，在被动状态下松垮对待教学，课前教学投入不足，一套教案、PPT沿用几年，甚至随意让研究生代课；课堂教学热情低迷，把课程内容原封不动地传授给学生，缺乏对学生的思想教育；课后教学反思缺位，更谈不上持续推进教学改革与创新。正如有研究表明的，专业水平相对更高的教授群体往往由于科研、

讲学、社会服务等能够带来更高的收入报酬，仅有少量的时间投入教学当中，这明显背离了教师职业价值的正确认知，不仅减少了教师投身教学创新和教育研究的机会，还可能影响其对教育事业的热情和坚守（李印，布丹丹，2023）。

（三）师范生教育实践锻炼不足，教育情怀体验有待加强

教师是反思性的实践者，在研究自身经验和改进教育教学行为的过程中实现专业发展。教育实践是师范生涵养教育情怀、坚定专业信念的重要途径，其所具备的特殊价值无法替代，而且能使师范生终身受益。因此，教育实践被列为高校师范专业人才培养方案的重要组成部分，这符合《教师教育课程标准》的又一基本理念——实践取向的要求。虽然高等师范院校制定了师范生实习考核评价制度，联系了不少幼儿园、中小学作为实践实习基地，增加了教育实践的分量和内容，但是这些措施只保障了师范生教育实习材料的及时收集和完整呈现，对他们是否真正达到践行师德、学会教学、学会育人、学会发展的毕业要求的监测效果却不大，尤其是践行师德中的教育情怀这一毕业要求，难以发挥实效。这种实习实践管理制度，导致师范生教育实践锻炼不足的现象依然存在，他们在教育实践中体验教育情怀、笃定专业信念、陶冶育人热忱、积淀人文精神，把所学理性认识转化为真情实感、价值信念等仍然没有得到有效改善。比如，李斌辉和张家波（2017）的研究发现，高校对师范生应具有的态度、价值观、专业信念与情意的关注程度不够，师范生实践能力的培养容易出现"实践矮化"的倾向，导致培养出一批难以面对新时代需求的、单向度的、不完整的"匠师"，缺乏立德树人的素养、深厚的教育情怀以及教育实践智慧。

如前所述，当前部分高校师范生的培养陷入了工具性的教学

技能操作训练执念，漠视师范生追求教育的生命意义和坚守育人职业的精神支撑的陶冶。长此以往，将会严重损害师范生未来职业生命的发展潜力，造成职业倦怠、频繁离职，甚至一些行为失范，遑论成为有理想信念、道德情操、仁爱之心的好老师，更不用说为国家培养德智体美劳全面发展的社会主义建设者和接班人。有教育情怀的教师会深深扎根于课堂，把课堂视为师生生命相遇、精神相系、情感相连的地方，"用一辈子的时间备好每一堂课"，把每一堂课都当成生命的演绎。因此，高校培养师范生亟须超越工具理性和技能训练之局限，回归人文精神、教育情怀的建构，从而使得教育拥有生命的温度。

二、新时代职前教师教育情怀培养问题的原因分析

（一）用人单位考核注重外显性学业成果

高校课程设置注重专业技能，淡化师范生教育情怀培养。造成这样的培养怪象，直接原因是当前就业招聘过程中，多数招聘单位主要以师范生能提供在校学习期间获得的学业成绩和各种证书为考核依据，甚至有些学校要求师范生获得多个竞赛奖项、取得相应等级的证书才有资格入围。就像一项基于内蒙古自治区部分地市中小学教师招聘面试情况的调查发现，教师的招聘还存在报考条件重学历水平轻道德素养，面试过程不重视应聘者的教学实习经历，面试试讲模式不能体现应聘者真实能力等问题（倪箫吟等，2019）。师范生在教师招聘的整个过程中，分数是绝对主角，始终处于"被"的状态中，被公开凝视、被简单审核、被片面裁决（宗锦莲，2021）。师范生在这种就业现状的驱动下，只能着力追求更高的学业成绩以及考取各种证书，有限的学习时间和精力被各种学科竞赛、学生组织活动占据，教育情怀的自我锤炼、

深度涵养就被理所当然地忽视了。而不少高等师范院校迫于这种用人单位的评价标准和学生的现实需求，往往采取压缩内隐的教育类情感课程课时，增加各类资格证考试、研究生入学考试辅导和外显的操作技能课程比重等应对措施。由此造成教育情怀培养类课程的课时有限甚至课程欠缺，教师在教学过程中难以顾及对学生的教育情感的滋润、职业认同的陶冶、心灵生命的启迪。

（二）教师教育者考评轻内隐育人成效

上述教师教育者未能给师范生做好充分教育情怀的示范，或可归咎于高校教师考核评价实践中的唯学历、唯职称、唯论文、唯项目等偏差倾向，未能发挥好评价政策调动教师投入教书育人工作的积极性、主动性的"指挥棒"作用。以往研究显示，随着我国高校教师评价改革持续推进，破"五唯"工作初见成效，但"唯帽子"的顽瘴痼疾仍需整治，"唯项目"也成为破"五唯"的非意图性后果（张琳，曹喆，徐千城，2024）。鉴于当前高校教师评价存在科学研究、人才培养、社会服务导向失调的问题，有学者不断呼吁坚持"本源回归"的价值理念，构建人才培养导向的高校教师评价体系（张玉启，兰正彦，2024）。当然，教师自身的职业心理素质也可能是影响其示范教育情怀的重要因素，如爱心、责任感、耐心、同理心等情感性的心理素质有助于衍生教师深层的生命品性和人文意蕴的表达。上述敬业精神弱化、教育情怀缺乏的教师教育者，往往忽视这些重要心理品质的自我塑造与提升。因此，在"重外显科研成果、轻内隐育人成效"评价导向的长期影响下，越来越多的师范生任课教师"抽空搞教学、无暇顾学生"，客观上弱化了自己对师范生教育情怀的示范。

（三）师范生实习实践指导与管理不到位

师范生教育实践锻炼不足，导致教育情怀体验有待加强。究其原因，可能与高等师范院校学生教育实习实践内容设计、过程监控、效果评价的状况堪忧有关。首先，高校理论课程教学内容与校外教育实习实践内容二者之间没有得到很好的结合，实习实践缺乏系统化、整合性的内容设计，致使师范生在实习中更多是走马观花、漫无目的地观摩。其次是高校职能部门在师范生教育实习实践方案的设计与实施中，存在时间安排过于集中、指导教师投入不够、实习考核较为随意、对师范生的协同指导不到位等不足（王健，孟丹祺，2023）。正如不少师范生在实习手册的总结中反馈的，实习基地校分配给师范生较多烦琐的事务性辅助工作，上讲台讲课的机会很少，得到的教育教学技能指导也不够。也有学者以运城师范高等专科学校2018届毕业生为例开展了调查，发现存在教学实习环节安排不够严谨、课堂教学基本技能有待提升、教学实践工作流程尚需细化等问题（李都荣，2021）。最后，在师范生实习实践过程中，职业信念、育人情怀等隐性职业素质难以快速养成与直接考评，一定程度上造成了高校和基地校指导老师的忽视或介入干预不足。所以，师范生难以真正站上讲台实践并得到有效反馈，更难以在真实教育情境中反复浸润教育情怀。

三、新时代职前教师教育情怀的养成策略与实践路径

教育情怀是师范生的专业热忱、职业忠诚和教育信念的集中体现，其养成是从无到有的自我建构过程，也是从有到优的不断提升、增强的过程。纵观前述师范生教育情怀养成存在的问题，以及本书第三章第一节访谈研究发现的教师教育情怀影响因素，我们认为高校应通过专业课程体系构建、示范文化氛围打造和实习实践活动优化三管齐下，共同铸就师范生教育情怀养成的外部

保障，师范生教育情怀养成体系的模型图如下图4-1。

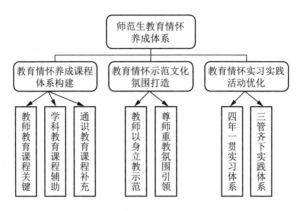

图4-1 师范生教育情怀养成体系

（一）师范生教育情怀养成课程体系构建

师范生教育情怀养成课程应以习近平新时代中国特色社会主义思想为指导，全面贯彻党的教育方针，围绕落实立德树人根本任务，充分发挥课程建设"主战场"、课堂教学"主渠道"的作用。前人有研究发现，职前学习经历对教师专业素养有重要的影响，其中师范课程学习经历对教师的专业素养影响最大（尚召奋，李军，张哲明，2024）。因此，高校需要优化师范生培养的课程体系，从课程目标、课程内容、课程实施、课程评价等多重视角渗透教育情怀养成教育，推动所有课程将情怀涵养、知识传授和能力培养融为一体。

1. 以教师教育课程为关键着力点

高校要依托教师教育课程的开设，引导师范生对教师职业有充分的认识和理解，进而树立起对教育工作的崇敬、对教师职业的向往、对教育对象的热爱等积极情感。因此，在教师教育类课程的课堂教学中，要把教育情怀作为一项常见的活动纳入课堂教学当中，充分发挥这类课程涵养师范生教育情怀的关键作用。具体着力点如下：

首先，教育情怀作为师范生的毕业要求，应写入教师教育类课程的教学大纲，成为重要、共同的课程思政目标，以师范生教育情怀涵养为主线，推动其师德规范的习得。其次，挖掘教师教育课程的教学素材中教师教育情怀方面的因素对学生进行教育引导。比如，"教育概论""发展与教育心理学""班级管理""教师职业道德法规"等教师教育课程，都可以引入情怀深厚教师的教育故事，引导师范生遵守教师职业操守、热爱教学工作、关爱所教学生。再次，在教学方法上注意与学生的交流互动，引导学生关注教育现实的问题，尤其是教师缺乏教育情怀的错误表现。比如，在"教育测量与评价""教育科研方法""教师教学技能""现代教育技术"等课程中，通过课堂实训、反思活动、角色扮演等的互动，融入教师的角色测评、教师反思和职业理想等课程思政元素。最后，在课程的教学评价中设计适宜的方式考核师范生教育情怀的养成情况。比如，在"课程与教学论""基础心理学"等课程中，可以让学生撰写课程学习之后在情感、信念、价值观上的学习收获，以及设计教育情怀校本课程开发思路等，帮助师范生全面、深入地认同自己的教师职业，增强其职业使命感和责任感。

2. 以学科教育课程为辅助切入点

不同专业师范生的学科教育课程差别很大，但都可以融入一些教育情怀的元素，尤其是关于某个学科的发展史、学科核心知识技能类的学科课程，能够彰显学科教育课程的师范性。一方面，学科领域的理论课程可以融入教育史实，从历史的角度感染提升师范生的教育情怀。比如，"中国文学史""数学史与数学文化""现代汉语""高等数学"课程分别是汉语言文学（师范）和数学与应用数学（师范）专业的学科课程。其中学科史学类课程可以融入文学史和数学史中重要文学家、数学家的教育观点和教育故事，从而培养师范生不断理解、体验和担负社会赋予的责任，锻造师范生坚强的意志和坚定的信念。另一方面，学科领域的技能类课程需要强调与行业的契合性，以此引领师范生的教育情怀。例如，"阅读与写作""仪态与表达"等课程，要突出这些技能在师范生今后从事教学活动的适用性和针对性，使师范生了解和熟悉中小学学科课程教学与改进的现状，更好地认识与亲近中小学教学实际工作，增加师范生的职业效能感。

3. 以通识教育课程为补充支撑点

通识教育课程的思政建设作为思想政治教育改革创新的重要着力点和生长点，为凝聚协同育人合力、构建全课程育人格局注入强大动力（张晗，2024）。教育家精神引领下的教育情怀作为师范生通识教育课程重要的思政元素，理应成为这类课程教学的重要组成部分。师范生所学通识教育课程的内容涉及广泛，也能作为师范生教育情怀涵养的重要阵地。针对通识教育课程，应准确挖掘课程所蕴含的大教育领域的精神内涵和思想价值，实现情怀教育与通识教育无缝衔接、高度融合，达到润物无声、春风化雨的效果。比如，"思想道德与法治""中国近现代史纲要""大学生心理健康教育""大学生职业生涯规划"等课程，可以设置师范生教育情怀内容专题，渗透以社会主义核心价值观、爱国主义思想、专业伦理与职业精神等为重要内容的教育情怀培养。以通识教育课程为师范生教育情怀涵养的补充支撑点，也符合习近平总书记在《习近平谈治国理政》（第3卷）中所提的要求，即坚持显性教育和隐性教育相统一，挖掘其他课程和教学方式中蕴含的思想政治教育资源，实现全员全程全方位育人。

（二）师范生教育情怀示范文化氛围打造

通过示范性校园文化氛围育人，以理想信念教育为核心，以社会主义核心价值观为引领，教师以德立身、以德立学、以德施教，帮助学生筑梦、追梦、圆梦，做学生锤炼品格的引路人、学习知识的引路人、创新思维的引路人和奉献祖国的引路人。在高校打造教育情怀示范文化氛围为的是弘扬教师敬业奉献的职业精神，树立教书育人的示范榜样，进而引导师范生追求教育的生命意义和坚守育人职业理想，逐渐养成热爱教学、关爱学生、甘于奉献的教育情怀。

1. 教师教育者以身立教，给师范生树立良好的榜样示范

示范性是教师劳动的最重要特点之一，教师自身的师德情怀、教育教学知识与能力就是师范生学习的榜样。因此，承担师范生教育教学工作的教师教育者要时刻注意严于律己，以身立教，努力成为先进思想文化的传播者、贡献者，才能更好地担起学生健康成长指导者和引路人的责任。教师教育者给师范生做榜样示范的具体做法建议如下：

第一，在走进课堂之前，教师教育者要认真备好课，汲取所教学科前沿的新知识、新理论、新思想和新技能，用心做好规范的、创新的、适宜的教学设计，给学生以敬业精神、严谨治学的行为示范。第二，在现实课堂中，教师教育者要注意自身的教学仪态，采用恰当的教学语言和教学方式，成为师范生教学技能的学习榜样。课堂上，教师还可以播放优秀教师的课堂教学录像、讲述一线教师有情怀地处理学生问题的成功案例，并借助现代教育技术实现师范生与特级教师、模范班主任等优秀教师的隔空对

话、实时交流，增强师范生的教育使命感和荣誉感。第三，下课以后，教师教育者也要注意自己的言行举止，处理好家庭、教学、研究的关系。特别是在学生提出帮扶需要时，教师应主动帮助师范生解决学习和生活方面的困扰，与师范生保持适度、纯粹的师生情感联系，示范教师教育者应具有的仁爱之心和甘于奉献的精神。

2. 营造尊师重教校园文化氛围，增强历史浸润与现实引领

除了高校教师本人的言行示范，高校经过长期发展积淀而形成共识的一种价值体系，即整个校园的文化氛围和师范专业的思想文化，会对师范生的言行产生隐性的影响。而且，校园文化氛围对师范生的影响是深远且多维的。它不仅塑造了学生的知识结构和专业技能，还深刻影响着他们的价值观念、行为习惯和情感态度。然而在师范院校推进综合化的进程中，师范文化在逐步失落，使得师范专业人才培养文化的根基受到侵蚀（周亚芳，2024）。因此，营造"尊师重教"的示范性校园文化和"弘扬教育家精神"师范文化，也是促进师范生教育情怀养成的重要方法和途径。

首先，通过加强校园教师教育物质文化建设，增加师范生教育情怀的历史浸润，从而发挥学校教育场景的熏陶作用。比如，在校园显著的位置竖立孔子、陶行知等教育家塑像，在各教学楼道走廊和教室墙壁悬挂教育名家肖像、教育名言警句等，设计打造百年纪念大楼以彰显师德教育文化，从历史维度让师范生感受教师教育与国家、民族的命运的密切关系，从而陶冶师范生的为国育才、为人民而教的家国情怀，并增强师范生对教育职业的文化认同感，让他们更加自豪地投身于教育事业。其次，丰富校训、校歌、办学理念、办学特色、专业理念／愿景／目标等高校教

师教育精神文化，以及拜师礼、送教仪式、荣休仪式、师德标兵评选制度等制度文化的内涵，用以对师范生教育情怀进行现实引领。同时，邀请奋战在教育教学一线的"优秀教师""优秀班主任""教书育人楷模""优秀校友""最美教师"等鲜活人物进课堂，以他们的典型事迹开办名师大讲堂，引导师范生深刻理解并自觉实践各行业的职业精神、职业规范，并帮助师范生感受一线教师教书育人的不易与艰辛，并见证学生成长的欣慰与快乐，从学生成长中体悟到自身生命的价值与意义所在。

（三）师范生教育情怀实习实践活动优化

教育实习是促进师范生将所学理论知识与实践相结合、提升学生教育教学能力的重要环节，也是促进师范生自我反思与成长的重要途径，还是促成师范生身份认同的重要途径（马洁，王厚红，2024）。教育实习活动应引导师范生以人格魅力呵护成长中学生的心灵，以学术造诣开启学生智慧，做学生为学、为事、为人的大先生。开展此类实习实践活动的目标是，师范生能够熟悉中小学的教育实际，理解教师的任务与职责，具备观察与理解学生身心发展的能力，真正形成言为士则、行为世范的职业自觉，以自身的模范行为影响和带动学生，把自己的温暖和情感倾注到每一个学生身上，让每一个学生都健康成长，为师范生教育情怀的养成铸魂。

1. 建立"四年一贯制"的教育情怀养成实习体系

良好的职业情感需要在长期的教育实践中加以培养。张佳伟和刘雨青（2024）考察了师范生情感劳动的实践过程，结果发现师范生在情感劳动实践中"学做教师"，师范生对情感劳动实践进行了意义建构，赋予了其推动个人发展、促进学生成长的价值。这种情感劳动的价值并非短期可塑，要通过"四年一贯制"

的教育情怀养成实习体系,引导师范生教育实习是促进师范生将所学理论知识与实践相结合、提升学生教育教学能力的重要环节,也是促进师范生自我反思与成长的重要途径。正如钱旭升和张铜小琳(2018)采用问卷法和访谈法对某师范大学小学教育专业学生的研究表明的,"四年一贯制"全程实践具有较高的实效性,学生专业教学能力提升效果显著。

高校统筹设计教育实习活动应引导师范生以人格魅力呵护学生心灵,以学术造诣开启学生智慧,做学生为学、为事、为人的大先生;并有目的地了解真实教育场域中各学科教师的教育教学行为、学生的学习方式、班级活动的组织与实施、课堂教学的组织形式等,从而真实体验教书育人活动的情感与责任。据此,本书设计了师范生"四年一贯制"的教育情怀养成实习体系。在教育情怀养成的实习体系中,大一称为见习阶段,师范生通过观摩一线教师教育教学行为、观察小学生的在校学习与活动安排,感受校园文化布置,初步感受教师的职业角色、职业规范、职业精神,培养师范生教育情怀的认知成分——职业认同感。大二称为助教阶段,师范生通过协助一线教师进行课堂教学、班级管理、课外文化活动指导等工作时进行角色体验,在实践中感受教师职业的价值和意义,体验见证学生成长的愉快感和欣慰感,加深自身对学生的关爱之情。大三称为试做阶段,在真实情境的职业体验中完成由学生向教师的角色转变,遵守教师职业道德规范,在实践中感受教师的苦与乐,接受一线优秀中小学教师的职业熏陶与滋养,从而坚定终身从教的职业信念。大四称为顶岗阶段,师范生经过一学期的独立工作体验,将内隐于自身的对教育的认同、对学生的关爱、对教育的忠诚和信念等展现出来。至此,师范生将自觉以立德树人为己任,建立良好的师生关系,关爱、尊重、宽容学生，在实践中体验教育工作的价值感、成就感，基本形成由认同之感、热爱之情、坚守之志构成的教育情怀。

2. 建立"三管齐下"的教育情怀养成实践活动体系

除了教育实习是直接促进师范生教育情怀养成的路径，各类有主题的学生专业实践活动，也是高校涵养师范生教育情怀的重要载体。实践育人是新时代高校师范类专业人才培养的重要突破口，师范生在丰富多彩的实践活动中锤炼高尚师德，能够为自身日后的教书育人工作打牢思想根基（马英，黄芙蓉，2023）。在各类学生活动中融入专业理想、专业精神、专业情感等教育，引导学生深化对师范专业的认知和认同，铸就师范生投身教育事业的内在动力。一般而言，促进教育情怀养成的专业实践活动大致有专业比赛类、科学研究类、素质拓展类，所以本书建构了"三管齐下"的教育情怀养成实践活动体系。

首先，专业比赛类实践活动包括举办与教育情怀养成相关的主题征文活动，如师范生"爱国情·强国志·报国行"主题征文活动；还可以是展示师范生学业成就的各类师范生专业技能大赛，如微课制作比赛、教学设计比赛、课堂教学比赛、简笔画比赛、书法展示比赛等。这类专业实践活动能够以赛促学，有利于引导师范生意识到自己职业能力的发展空间和潜质，帮助师范生体会教师为国家、民族培养人才的神圣职责。

其次，科学研究类实践活动，通常以鼓励师范生参与教育教学主题相关的社会实践调查为主要形式。师范生利用学习闲暇时间，深入社区、超市、广场、公园等人员密集的场所，了解社会大众关于当前基础教育实践中突出问题、新兴教育政策的基本看法，从而更加清楚自身即将从事的教育教学工作的社会价值和使命意义，努力将办好人民满意的教育变为现实。

最后，素质拓展类实践活动中，与教育教学要素相关的志愿服务活动最有利于师范生教育情怀的养成。比如，利用暑期为留守儿童提供免费科学教学服务和心理健康引导，师范生从活动中学会关爱留守儿童，用大爱为留守儿童撑起健康成长的碧空蓝天。此外，以教育教学为主题，旨在锻炼师范生沟通表达能力、团队协作能力、共情理解能力的素质拓展活动，也可以促进师范生职业效能感的提升，从而利于师范生教育情怀的涵养。

第二节　新时代在职教师教育情怀提升策略

实现教育现代化、建设高等教育强国是新时代教育领域提出的重要发展目标。2018 年 1 月，中共中央、国务院公布了《关于全面深化新时代教师队伍建设改革的意见》（中发〔2018〕4 号）；2022 年 4 月，教育部等八部门联合印发了《新时代基础教育强师计划》（教师〔2022〕6 号），这些文件启动了新时代新征程的强教强师工程。如何整体提升在职教师的教书育人能力素质，持续造就一支高素质、专业化、创新型的教师队伍？强师必先铸魂，加强在职教师教育情怀的构建与提升成为当前全面深化新时代教师队伍建设改革的重要环节。

一、新时代职后教师教育情怀存在的问题表现

（一）师德失范问题屡有发生，引发公众关注质疑

学高为师，身正为范，师德是教师职业规范的底线要求。师德师风建设一直是我国加强教师队伍建设的一个重要抓手，主要体现在制度化、法治化和常态化等方面。在制度化建设上，2018

年教育部印发了《新时代高校教师职业行为十项准则》《新时代中小学教师职业行为十项准则》《新时代幼儿园教师职业行为十项准则》文件，明确了新时代教师职业的基本规范。在法治化建设上，教育部联合最高人民检察院、公安部建立了教职员工准入查询制度，严把教师入口关。在常态化建设中，一方面将师德师风建设贯穿职前培养、入职培训、职后发展等管理全过程，另一方面建立了师德失范通报警示制度，更新教师"黑名单"。

截至2024年9月，教育部已累计公开曝光通报13批93起违反教师职业行为准则的典型案例，发挥了一定的警示震慑作用。可见，当前部分教师失德和行为失范的现象仍时有发生，加之社交媒体的高度发达、网络实名曝光等形式的推波助澜及放大作用，造成负面社会舆论，引起公众广泛关注并质疑教师职业素养滑坡。现阶段，有关师德师风的网络舆情主要聚焦于校园安全事件，教师侮辱或体罚学生、利用教职谋取不法收入、不恰当地开展教学科研活动、性骚扰或性侵学生等突出问题（王萍，2023）。据教育部公布的典型案例显示，在幼儿园、中小学和高等教育各学段，教师违反十项准则的行为表现也有所不同。在幼儿园和小学阶段，以教师涉嫌虐待和体罚学生的事件为主，例如，江苏省宿迁市苏宿园区翰林阁幼儿园教师陈某某，在保教保育过程中态度恶劣，甚至有虐待幼儿的行为；重庆市奉节县尖角小学教师马某某，因学生未完成作业将其带到办公室进行批评和体罚，导致学生手臂、后背软组织受伤。初高中阶段则主要集中于有偿家教、收受家长礼金、与校外培训机构合作谋取介绍费等现象，比如辽宁省沈阳市第127中学教师金某有偿补课并指使家属殴打学生家长；河北省石家庄市第十二中学教师刘某开办校外艺术班培训班，诱导学生参加有偿补课等。高等教育阶段则以教师涉嫌性骚扰或性侵学生的事件、教学不当和学术不端现象居多。据查,南开大学教师李某某存在违规使用经费,与学生发生不正当关系的行为;三峡大学教师郎某某使用低俗不雅的图文在校讲授日语课程,造成恶劣影响;江西省豫章师范学院教师尹某某发表的论文涉嫌抄袭他人论文中的实验内容和实验结果的学术不端问题等。

然而,在公众监督发挥师德师风监督作用的同时,也应警惕诸如个人发泄私愤的不实举报、企图对教师群体污名化的不良舆论倾向、刻意造成师生对立冲突的网络炒作现象。这将损害尊师重教的社会氛围,降低教师职业的吸引力,影响教师施教执教的职业判断并引发自身职业形象的认知危机,最终影响学生的健康成长和全面发展。

（二）教师传统权威和师道尊严受到冲击,职业认同感有所减低

随着大数据、人工智能技术的高速发展,信息获取的便利性、渠道的多元化、知识的准确性正在逐渐消解教师知识传播者的传统文化权威形象。教师的工作方式和职责也正随之发生深刻的变化,面临角色定位模糊、技术转变不畅以及技术替代的忧虑等职业认同的弱化(林宝灯,2022)。同时,受教育功利化倾向的影响,社会对教育关注的焦点片面地表现为对分数、成绩、文凭的热衷,重视教育轻视教师的问题凸显(张笑予,祁占勇,2022)。教师的角色被简单认定成学生分数的"助推器",教师的职业定位退化为"教育工人",进一步加剧了教师职业认同的危机。

伴随社会经济的快速发展,社会价值观更加多元化,加之经济利益的驱动,教师的社会地位和职业回报受到冲击。社会地位

方面，教师的职业荣誉感和社会尊重程度有所下降。研究发现，主观社会地位对教育情怀具有显著的正向影响，可能是因为教师对自己在社会结构中所处的位置越满意，其对生活和工作的评价越积极，对教育事业的认可度越高。这使得他们有更多的精力和动力去关注学生的需要与利益，以获得更多积极反馈，进而激发出更强的职业热爱感、责任感与使命感，体现出更高的教育情怀。经济收入方面，尽管近年来教师的工资水平有所提高，但与他们的辛勤付出相比，仍然偏低。这不仅影响了教师们的生活质量，也不利于吸引和留住优秀的教育工作者。

（三）教师负担加重热情减退，职业倦怠现象日益蔓延

基础教育教师负担问题由来已久，引起社会广泛关注，国家层面也于 2019 年出台相关政策，引导减轻中小学教师负担，营造安心、静心、舒心的从教环境。然而，当前教师工作负担过重问题仍然突出，负担治理整体效果不甚理想。一项 2023 年基于 11 省 12 市的调查数据的研究显示，与"双减"前相比，"双减"后教师工作负担的水平和结构都有明显变化；教师教学性事务时间显著增加，平均每天工作时间超 13 小时；某些类型的教师工作负担更重，比如参加了课后服务的教师、女教师、班主任教师、初中教师等（薛海平，张诗雅，2024）。除日常工作负担增加以外，教师往往还承受着隐形的非教学工作负担。例如，幼儿教师还存在基本生活负担、职业"身份"负担和专业发展负担等心理负担（邱德峰等，2024）。治理主体对负担治理政策的认知有待提升，带来政策执行偏差，影响中小学教师负担治理的效果（张家军，闫君子，韩硕，2024）。

较高的工作压力会影响教师身心健康，降低教师的教学热情，导致缺乏积极主动性，形成职业倦怠，不利于教师在教学实

践中展现教育情怀。研究发现,较高的工作负担会对教师教学热情产生抑制作用,尤其是行政负担显著负向影响教学热情,这也呼应了教师"减负"政策所力图解决的诸如层层任务摊派、多种报表填写、无关的社会事务等不必要的行政负担(蒋帆,2024)。当工作盲目、心理迷茫和身体疲惫成为教师群体外化的基本状态时,以热情降低、教学淡漠、工作倦怠为特征的职业倦怠现象便会蔓延。不同性别、学段、职称和学校类型的教师职业倦怠水平有所差异。相比于男教师,女教师面临工作与家庭难以平衡且无外部支持的情况下更容易出现职业倦怠;相对于小学教师,初中和高中教师往往面临更高的家长教育期待,职业倦怠水平更高;相比于中青年教师,高职称教师的教学胜任水平高,职业倦怠水平更低;而公办学校的教师职业倦怠感更高,可能因为需要应对更多的教研、培训、上级检查和行政事务(刘珈宏,冯剑峰,秦鑫鑫,2023)。研究发现,工作压力对教师职业倦怠具有显著正向预测作用。教育作为一项高情绪要求的情感工作,要求教师付出大量情绪劳动,当中小学教师面临多种来源的工作压力,没有建立良好的师生关系,无法得到充足的工作满意感,又不具备较强的情绪弹性时,教师职业倦怠的发生将会加重(李鹏等,2022;胡莹莹,杨一鸣,王文静,2025)。

（四）乡村教师队伍不稳定,乡土教育情怀缺位

在国家大力推进乡村振兴的背景下,师资是实现教育精准扶贫、建设美好乡村教育的基础保障,乡村教师队伍建设成为提升乡村建设软实力的重要抓手。国家层面先后推出特岗教师、小学全科教师以及地方优师计划,旨在精准补充乡村教师来源,优化师资结构,提升农村教育质量,促进城乡义务教育均衡发展。但是,经济落后地区的乡村教育依然存在教师队伍不稳定、乡村教

师"下不去""留不住"和"教不好"等难题。在乡村学校尤其是西部地区薄弱学校中地方公费师范生"下不去""留不住""无发展"的现象频频出现（孙雪莹，2023）。

乡村教师的乡土教育情怀日趋淡化甚至陷入了缺位的困境。一方面，乡村教师的生活和教育实践正远离乡村文化场域。一些受过高等教育、长期生活在城市的年轻教师不适应农村生活，不熟悉农村社会文化，对农村学生的特点也不够了解，使得他们的"乡土情怀"逐渐被"城市情结"所替代。大多数乡村教师并不愿意长期留在乡村，迫于在城里找不到合适的教职岗位，才将乡村教师作为工作"跳板"，待积累足够经验后再寻求更好的发展机会（苏海等，2021）。另一方面，乡村教师职后培训内容设计存在"去乡村化"的问题，导致乡村教师培训实施过程中的授课内容也趋于"城市化""前沿化"，没有结合乡村教师的教学实际，使得乡村教师也逐渐远离乡村文化（钱芳，2018）。

二、新时代职后教师教育情怀存在问题的原因分析

根据本书第三章的研究成果可知，新时代教师的教育情怀的影响因素既有支持性的外在环境因素，又有独特性的个体内在因素。影响在职教师教育情怀的外部因素有社会环境与教育期待、学校管理与人文氛围、培训进修与发展支持、地缘属性等，影响在职教师教育情怀的内部因素包括教师教龄、学科、个人成长经历等。

（一）外部影响因素

1. 在职教师专业发展的情感之基未予强调

长久以来，对在职教师的专业发展更加强调专业知识的拓展和教育性知识应有的技术层面，而对支撑教师职业理想的个人

使命和价值承诺的道德层面却未给予足够重视（古德森，2007）。虽然教育部陆续出台了新时代高校教师、中小学教师、幼儿园教师等职业行为准则等制度文件，但当前学校师德师风建设更加强调教师对道德规范的学习和解读，还未深入到一线在职教师个体情感精神的内化层面。比如，常见的做法就是对教育管理部门下发的文件进行集体宣读，撰写学习心得，至于后续学习成效如何、教师能否在教育教学工作中加以应用和展现，并没有予以足够的重视。此外，与教师相关的教育评价改革有待进一步深化，新时代各类学校在开展教师评价实务过程中，存在评价指标体系不够完善，过于注重可观测的量化指标，一定程度上忽视了教师的教育情怀等非量化因素，易使教师对教学工作开展、教育目的价值产生误解。

2. 社会压力与功利化倾向驱使教师忽视教育情怀

当今社会，激烈的竞争环境使得教育领域也不可避免地一定程度上陷入了功利化的困境。家长们望子成龙、望女成凤的心态愈发急切，社会对人才的选拔也更加依赖于学历和成绩，这些现象导致教育功利化愈演愈烈。教育功利化倾向具有短视性、片面性、简单性和传染性等特征，易造成架空学生的全面发展、异化教育过程、催生超负荷教育、引发教育焦虑等危害（崔保师等，2020）。学校和家长往往以学生成绩、升学情况等单一量化的标准来评价教师工作，导致教师的教学手段、方法和内容追求显性的短期成效，忽视教育的长期价值（李爱珍，熊阳，2022）。为了迎合家长和学校的期望，教师可能采取急功近利的教学方式，忽视学生综合素质的培养和自身教育情怀的坚守。他们的教学工作逐渐变得机械化和程式化，无暇顾及学生的兴趣爱好、个性发展和心理健康，采用诸如死记硬背、题海战术等应试教育方法，虽然在短期内能够提高学生的成绩，但却不利于学生的长远发展。可见，社会期望过高、升学压力较大，容易导致部分教师功利化教学，只有营造尊师重教的社会舆论和氛围才能强化教师的责任感和使命感，促进教师教育情怀的提升。

3. 学校管理制度僵化缺乏对教师的人文关怀

学校管理制度的僵化和缺乏人文关怀，对教师的教育情怀形成产生了负面影响。当前，学校管理制度的僵化主要体现为规章制度的僵化和决策过程的僵化。教育作为一项包含智力和情感的活动，当学校制定的规章制度过于烦琐和刻板，对教师工作干涉过多，采用整齐划一的标准来评价教师的工作，缺乏适度的灵活性时，便会限制教师的专业自主性和主观创造性。在决策过程中，学校管理层往往缺乏与教师的沟通和协商，导致教师对决策的认同感和参与感较低，易引发教师的抵触情绪，影响教师的工作积极性。在支持创新、倡导师德的学校氛围中，教师的教育情怀高涨，反之，在管理严苛的学校氛围中，学校往往过于关注教师的工作绩效，忽视教师的情感需求，缺乏必要的人文关怀和社会支持，使得教师对学校的认同感和归属感较低（胡椟，2024）。教师感到自己在工作中不被尊重，甚至被忽视，导致工作积极性受挫，从而对教育事业的热爱和投入减少，不利于教育情怀的生成。

4. 入职考核和职后培训对教育情怀强调不足

在职教师教育情怀的生成与提升应深嵌于入职考核和职后培训的各个环节。而在教师招聘环节，不少学校没有将发自内心热爱教育、教育能带来幸福感等内部从教动机作为新教师选拔的重要标准。不少地区为了完善教师队伍的结构，将名校、博士作为新教师招聘的决定性条件，通过高福利、优待遇吸引人才，忽略对新教师的理想信念和从教动机的考察，使得追逐职业稳定、待遇优厚的具有外在从教动机的毕业生争相报考，引发"考编热"；而对于偏远地区、条件薄弱的乡村教师岗位，报考人数不足甚至难以达到开考比例，出现"冷热不均"。

对于在职教师而言，培训进修是提升教育情怀的重要途径，系统培训、跟岗学习能让教师深化情怀认知、习得实践策略。然而，职后教师培训长期存在重"专业知识、专业能力"轻"教育精神、教育信仰"的现象（傅琴，2021）。这种培训在短期内和浅层次上可能效果较好，甚至能够使新教师迅速成为合格的教师甚至骨干教师，但无法让教师保持长久的发展可持续性，很难成为名师，更难成为教育家（管杰，2017）。培训体系缺乏提升教育情怀的系统设计，培训内容重视理论拔高却与实践脱节，培训形式较为单一缺乏个性，这些问题使得培训效果削弱，亟待优化改进以厚植在职教师教育情怀。

（二）教师个人因素

1. 对教育本质的理解不足，职业认知存在偏差

部分教师对教育本质的理解不足，在实际教学中缺乏对学生的深度关爱，这种认识不足影响了教育情怀的生成和发展。教育作为一种培养人的社会活动，其核心目标在于促进个体的全面发展，使其成为适应社会、推动社会进步的栋梁之材。受到教育目标功利性导向的影响，一些教师过于关注成绩和升学率等功利性目标，不重视学生的品德和个性发展，忽视了教育的育人本质，没有把学生当作一个全面发展的个体来对待，未能真正理解教育对学生成长和社会发展的深远意义，使得教师的教育情怀难以在教育实践中得到充分体现（皇甫科杰，2021）。在教学过程中，一些教师未能给予学生足够的关爱和尊重，缺乏与学生的

情感交流，不能满足学生的心理需求，影响了师生关系的和谐发展。例如，部分中小学教师在课堂上只注重知识传授，忽略了学生的个体差异和情感体验，将学生的考试分数作为评价学生的唯一标准。

部分教师对教师职业的认识具有偏差，这些认知偏差影响了其教育情怀的生成和提升。他们往往缺乏对自身从事的教育事业理应具备的崇高使命感和责任感，未能将教育视为实现个人价值和社会价值的重要途径，将从事教师职业的功能定位停留在谋生层面，这些因素不利于教师形成较强的身份认同，影响教学效能感的生成，不利于后续专业发展。不管是针对公费师范生还是中小学教师从教动机的调查研究均揭示，相比于外部从教动机，受到内部从教动机驱动的教师的职业认同和教师效能感更高，职业倦怠水平更低。能力与热爱驱动型、热爱与榜样驱动型的师范生在教师职业认同和教师效能感得分上，基本显著高于其他类型；而被迫履约型和无从教动机群体的教师职业认同和教师效能感得分几乎都最低（刘伟，李琼，2022）。也有一些研究还发现，内部从教动机负向显著影响职业倦怠感，而外部从教动机则正向显著影响职业倦怠感（刘珈宏，冯剑峰，秦鑫鑫，2022）。"生存驱动型"的特岗教师教学效能感最低，且会在工作中出现更强的职业倦怠。受到当前国内经济环境影响，各行各业竞争日益加剧，出现了不少持有"追求稳定"动机的毕业生选择从教，以及一些公费师范生担心遭受经济和诚信记录等违约处罚而选择从教的现象。在后续从教过程中，如果没有与热爱或能力结合，他们的职业认同和效能感都会受到影响，不利于教师教育情怀的生成。

2. 专业提升与进取精神不足，人文修养与反思不够

专业精神是教师教育情怀的重要构成部分。一些教师专业

发展意识薄弱，自身能力提升不足，难以适应新时代教育发展的新要求。许多教师在专业发展方面缺乏主动性和自觉性，满足于现有知识和技能水平，不愿意投入时间和精力进行学习和研究，导致专业成长缓慢。工资增长期望失衡和职称晋升发展不畅使得教师进取心受挫，对教育工作的投入减少，缺乏对教育事业的持续追求。绩效工资改革、新课程改革、生育政策调整等因素，使得不同学科、学段师资呈现结构性失衡，加重了教师的工作负担，影响了教师的身心健康，使得工作满意度和成就感下降，进而对工作产生倦怠，降低积极主动性。尤其在"双减"背景下，大量的教学准备时间、繁忙的行政安排、难以平衡的工作家庭冲突，也使一部分一线教师失去了持续提升自我的动力和热情。还有一些教师缺乏创新精神和实践能力，对教育教学改革缺乏关注和参与热情，无法适应教育发展的新要求。他们习惯于传统教学模式，在教学中墨守成规，对新的教育理念、教学方法和技术接受度低，不愿意尝试新的教学方式，难以满足学生多样化的学习需求，也影响了教学质量的提升。此外，一些教师在日常工作中不注重自我修养提升，缺乏对教育教学实践的反思和总结，无法从实践经验中汲取成长的养分，难以形成深刻的教育理念和教育情怀（王家欣，施雨丹，2019）。

3. 个人经历和性格差异的影响使得教育情怀表现不同

个人成长经历对教育情怀的表现至关重要，成长中受良师启迪者教育情怀更浓。如果教师在自己的成长过程中没有遇到过具有高尚教育情怀的榜样教师，就很难受到感染和启发。缺乏榜样的引领激励，他们很难体会到教育情怀在教育实践中的魅力和价值，从而也不容易形成自己的教育情怀。教师自身在学生时代可能经历过不好的教育事件，如受到教师的不公正对待、在压抑的教育环境中成长等。这些负面的教育创伤经历可能会影响他们对教育的看法，使其很难以积极、关爱的心态对待自己的学生。不同教龄的教师，教育情怀的表现也有所不同。新教师教育情怀的养成来源主要是职前在大学接受的情感教育，对教育情怀有感知；而中学骨干教师在职后从教多年用教育情怀去教育和培育人，对教育情怀不仅有感知、更有感悟，他们对德育教育、寓教于乐的情感教育和涵养课程的灵魂教育有着更加深刻的理解和认识（齐家兰，陈玉芳，2021）。一线在职教师自身所处的地域环境是影响教师教育情怀实践表现的突出因素，发达地区学校设施与培训能够助力教师的多元践行，偏远地区学校受资源限制，实践创新受阻，如乡村艺术教师很难开展丰富的美育实践活动，而城市教师更易借助美术馆、音乐厅等场馆拓展实践教学。个体性格因素也会对教育情怀产生影响。性格比较冷漠的教师可能很难对学生产生深厚的情感。他们对学生的喜怒哀乐缺乏敏感性，只关注工作任务的完成，而不注重与学生建立情感联系。另外，功利心较重的教师往往更关注个人的荣誉、奖励和晋升等，对学生的成长需求和情感体验不够重视，这也会导致教育情怀的淡化。

三、新时代职后教师教育情怀的提升策略与实践路径

针对当前新时代职后教师教育情怀存在的问题，结合上述原因分析以及本书第三章研究发现的影响因素，我们认为需要从宏观制度保障、中观推动落实和微观教师自身出发，采用自上而下和自下而上双向并进的方式，汇聚多方合力，共同提升职后教师的教育情怀，具体如图 4-2 所示。

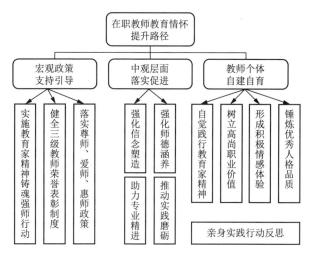

图 4-2 在职教师教育情怀提升路径

（一）宏观政策支持引导

1. 实施教育家精神铸魂强师行动，厚植教育情怀培育沃土

在 2024 年我国第四十个教师节之际，习近平总书记在全国教育大会上强调要"加强高素质专业化教师队伍建设，弘扬教育家精神"，为新时代教育事业发展和教师队伍建设提供了重要指引。当年 8 月 6 日，中共中央、国务院出台了《关于弘扬教育家精神加强新时代高素质专业化教师队伍建设的意见》（中发〔2024〕25 号），正式实施教育家精神铸魂强师行动。中国特色的教育家精神蕴含着心有大我、至诚报国的理想信念，言为士则、行为世范的道德情操，启智润心、因材施教的育人智慧，勤学笃行、求是创新的躬耕态度，乐教爱生、甘于奉献的仁爱之心，胸怀天下、以文化人的弘道追求。这些精神特质不仅是对优秀教育传统的传承，更是适应新时代教育需求的必然要求，为教师指明了前进的方向和奋斗的目标。"教育家"的历史荣光转变为新时

代教师的现代追求，利于调动教师的"自发性"，使得践行教育家精神成为教师从教施教的内在遵循，成为推动教育现代化、建设教育强国的重要力量。

教育家精神为教育情怀提供了深厚的理论根基，是教育情怀的重要源头。心有大我、至诚报国的理想信念是教师教育情怀的基石，教师应秉持为党育人、为国育才的信念，在教学中传递家国情怀，引导学生树立远大志向，使教育发挥知识传授与塑造灵魂的功能。言为士则、行为世范的道德情操是教师言传身教的准则，教师不仅是知识传播者，更是学生品德塑造者，其言行示范和高尚品德是学生效仿的标杆，促进学生形成正确的道德观念与价值取向是教育情怀的关键体现。启智润心、因材施教的育人智慧是教育艺术的关键，教师需关注、关心和关爱学生，了解学生独特的认知水平、学习节奏与发展潜能，灵活运用多种教学方法，激发兴趣、挖掘潜能，彰显以学生为中心的教育情怀理念。勤学笃行、求是创新的躬耕态度是教师专业发展的动力，随着知识更迭加速、教育技术革新，教师唯有勤学笃行、勇于创新，才能为学生提供优质教育，这是教育情怀在教师自我发展层面的支撑。乐教爱生、甘于奉献的仁爱之心是教育情怀的情感根基，教师满怀对学生与教育事业的热爱，方能全身心投入，不计得失，构建和谐师生关系，让教育充满温情。胸怀天下、以文化人的弘道追求要求拓宽教育情怀视野，教师应引导学生传承本土文化、树立文化自信，培养全球视野与跨文化交流能力，为教育情怀注入时代与全球担当内涵。总之，教育家精神从多维度为教育情怀的提升指明方向，其内涵探究的不断深入也将为涵养教育情怀提供沃土。

2. 以健全教师荣誉表彰制度为抓手，提高教师职业荣誉感

在我国五千多年悠久的历史文化传承中，尊师重教、师道尊

严是口口相传、流传至今的广泛共识,这一传统美德在现代社会也应得到进一步的弘扬。荣誉作为一种精神性存在的激励方式,在教育领域对教师个体、教师群体、学校和社会均可以发挥积极的导向作用。于个体而言,教师荣誉是教师履行教书育人职责,实现个人价值、职业价值与社会价值统一而产生的积极心理体验,积极的心理体验具有激励功能,能有效激发教师自我效能感并形成内驱力(卢晓中,谢静,2017)。于教师群体、学校社会而言,有助于发挥荣誉获得者的榜样示范作用、营造积极健康的从业氛围和浓郁的尊师重教的社会风气(曹宗清,赵德成,2023)。建立国家教师荣誉制度,则是从法治意识和制度设计上肯定教师职业价值、塑造价值导向、激发教师活力、加强引领功能的政策手段,具有提高教师政治地位、社会地位、职业地位,激发教师专业发展内生动力,以及扭转教育功利化倾向等作用。在全社会隆重表彰和宣传国家教师荣誉,能引发全体在职在岗教师的"职业共情",增强教师群体崇德乐教的心理资本,激发潜心育人的教育情怀(张笑予,祁占勇,2022)。当前,我国已初步构建起教师荣誉表彰制度的三级体系,各级层面的教师荣誉表彰具体做法如下:

(1)已有国家级教师荣誉制度

国家层面,建立了"人民教育家""全国教书育人楷模""全国模范教师""全国优秀教师"等针对不同领域教师的国家荣誉制度。具体而言,特级教师荣誉政策于1978年在全国范围内启动,为我国中小学教师荣誉体系的建立奠定基础。1998年颁布的《教师和教育工作者奖励规定》中确定了"全国优秀教师""全国模范教师""全国优秀教育工作者"以及"全国教育系统先进工作者"四类荣誉称号,迄今为止,已有数万名杰出教师获此殊荣。

2010 年，"全国教书育人楷模"荣誉称号设立，先后评选出于漪等百余位杰出贡献教师，这是完善国家教师荣誉制度的有益尝试。2019 年 9 月 17 日，国家主席习近平签署主席令，授予于漪、卫兴华、高铭暄"人民教育家"国家荣誉称号。这些举措不仅彰显了国家对教育事业的重视，大力弘扬了尊师重教的社会风气，而且进一步激发了广大教师的工作热情与职业荣誉感。

（2）已有省市级教师荣誉制度

地方层面，不同省市建立了各具特色的教师荣誉表彰制度。比如，浙江省自 1988 年起设立"春蚕奖"，评选范围涵盖幼儿园、职业中学及特殊教育学校的教师。江西省于 2015 年建立了乡村教师长期从教荣誉制度，对任教 20 年及以上的一线教师予以表彰，并推行优秀教师休假疗养制度（教育部，2016）。江苏省在 2024 年设立"江苏省模范教师"荣誉称号，并对章婧等 150 名大中小学教育先锋进行了表彰。2018 年，孝感市设立了"教坛新秀"至"教坛名家"五级荣誉，为广大教师职业发展路径提供导向。这些举措也体现了各地对教育事业的重视，更激励着广大教育工作者不断追求进步和卓越，共同推动中国教育事业迈向更高水平。

（3）已有学校级教师荣誉制度

学校层面，大中小学校根据国家和地方荣誉表彰制度，制定了符合校情的教师评奖制度办法。例如，长沙市砂子塘小学于 2016 年启航"白鸽教育奖"，奖项设置动态化，每年调整以适应时代需求。广东肇庆中学则设立"教师育人雄才奖""十杰教师"等奖项，并以公众号专栏形式进行宣传报道。对于高校教师，西南大学分别设置集体类、综合类、专项类荣誉称号，并配套项目申请优先、奖牌颁发、奖金发放等奖励。北京科技大学则根据教师从教的不同年限，建立了五级荣誉奖项体系，从"职业荣誉铜质奖"到"职业荣誉退休奖"，并纳入获奖人员库和荣誉纪念册，颁发纪念奖章。综上，各学校将荣誉奖项与荣誉宣传、教师绩效等挂钩，并致力于构建多元化的动态评奖体系，旨在提升教师的职业荣誉感和归属感，助力学校教育事业发展。

虽然上述教师荣誉制度的构建和实施，对各级各类教师发挥了一定的正向激励作用。但是，部分教师荣誉制度在实施过程中还存在评选标准较单一、评选机会不均衡、激励措施不到位等问题。因此，急需优化教师荣誉制度的设计细节、实施过程和结果应用。首先，应进一步完善荣誉称号评选标准，规范教师评选程序。深入贯彻《深化新时代教育评价改革总体方案》（中发〔2020〕30号）要求，考虑到不同地区、不同教师的差异，破除"五唯"倾向，打破单一标准，科学制定荣誉称号评选标准。从参评教师的信息与事迹公示、公平的投票与表决机制、顺畅的提议与举报机制等方面建立公开透明的评选流程，并广泛纳入和听取学生、家长等关键主体的评价意见（陈丹阳，杜明峰，2023）。其次，进一步优化荣誉称号设置和分类体系。分级分类构建教师荣誉序列，创建能够体现教师发展差异性和地域性的荣誉称号体系。一项针对东、中、西部6个省份中小学及幼儿园教师的调研结论显示，高级别荣誉称号的获得机会在地区和职称方面存在不均衡的问题，农村教师比城市教师获得高级别荣誉称号的机会更小、次数更低（王晨娅，潘岳林，孙天赐，2024）。在我国加快推进国家基本公共服务均等化、构建优质均衡的基本公共教育服务体系背景下，应对扎根奉献乡村的教师设置专项荣誉称号。如有建议提出，在乡村学校任教5年及以上者可给予"特别贡献奖"，工作满10年、20年、30年者颁发市级、省级、国家级荣誉证书。

最后，进一步完善荣誉配套政策和激励机制。完善荣誉配套政策，将教师荣誉获得情况纳入名师工作室组建、职称评审、薪酬调整等考虑范围；设立荣誉激励基金，充分利用社会捐赠等途径加大奖励力度，体现荣誉的实际价值，激发教师的工作积极性和创造性；利用新媒体、融媒体等手段进行广泛宣传，激发教师群体的荣誉感和使命感；建立发展性的誉后管理机制，进行常态化的追踪考核（罗笑含，2019）。

通过建立健全国家、省市、学校这三级教师荣誉表彰制度，切实提高教师政治地位、社会地位、职业地位，能够对我国教师队伍建设起到强烈的激励鼓舞和示范引领作用。这些制度的落地还需要通过举办各类尊师活动、表彰优秀教师等方式，营造尊师重教的良好氛围。如每年的教师节庆祝活动、优秀教师表彰大会等，都成为展示教师风采、弘扬尊师文化的重要平台。这些活动有助于提升教师的社会地位和职业声望，满足教师的尊重需要。2023 年 5 月 29 日，习近平总书记在中共中央政治局第五次集体学习中强调，"提高教师政治地位、社会地位、职业地位，使教师成为最受社会尊重的职业之一"（冯用军等，2023）。这一指示进一步明确了提升教师地位的政策导向，让广大一线在职教师在服务奉献于教育现代化建设、促进学生全面发展的过程中，也能够持续获得对自身教师职业身份的认同感和荣誉感，从而调动更多一线教师的工作热情，提升教师的教师情怀水平，鼓励更多的人才投身于教育事业。

3. 以推动落实尊师、爱师、惠师政策为保障，精准完善教育情怀支持体系

教师的生存需要是其职业发展的基础，涵盖了薪酬待遇、工作环境等基本生活条件。为切实保障教师的生存需要，国家也在

不断提高教师的薪酬待遇。2018年，全国教育大会上明确提出"教育投入要更多向教师倾斜，不断提高教师待遇"，并要求"不折不扣落实现行的补助、奖励和各类保障政策"。这一政策导向为提高教师薪酬待遇奠定了坚实基础。

（1）落实教师薪酬待遇政策

在具体实施上，国家层面的政策不断细化。如，《乡村教师支持计划（2015—2020年）》要求各地依法依规落实乡村教师工资待遇政策，提出了一系列社会保障和福利待遇相关措施。这些政策不仅稳定了乡村教师队伍，也改善了乡村师资配置（张灵，童膃军，2021）。此外，《中共中央、国务院关于全面深化新时代教师队伍建设改革的意见》（中发〔2018〕4号）针对高校教师群体提出，建立体现以增加知识价值为导向的收入分配机制，扩大高等学校收入分配自主权。这一政策赋予了高校在收入分配方面的更多自主权，有助于高校根据自身发展需要设计收入分配制度（胡晓东，2020）。通过这些政策实施，教师的生存需要得到了有效保障，为其职业发展奠定了坚实基础。

（2）改革教师职称评聘政策

职称评聘是教师职业发展的重要环节，也是体现教师尊重需要的重要方面。近年来，我国不断深化职称评聘制度改革，旨在激发教师的职业发展活力。如《关于深化中小学教师职称制度改革的指导意见》等政策文件，明确了中小学教师职称评聘的新标准和新要求，强调师德表现、教育教学能力和业绩成果等方面的综合评价（尹昊，王智超，2023）。针对高校教师，国家同样进行了职称评聘的改革。如，鼓励高校根据自身办学特点和教师发展类型，制定分类分层评价标准，实施单列计划、单设标准、单独评审体系等（李晓曼等，2022）。这些政策有助于提升教师的职业认同感和成就感。

（3）优化教师减负治理政策

教师的自我实现需要体现在专业发展、学术研究及创新创造等方面。国家通过一系列举措鼓励教师积极参与教育教学改革和研究，实现个人价值和社会价值的统一。其中，教师减负是促进专业良性发展、提高教育教学质量的关键举措。通过减少非教学任务、优化教育教学环境等方式，教师可获取更多专业发展和学术研究的时间和空间（刘铖，陈鹏，2024）。2019 年 12 月，中共中央办公厅、国务院办公厅印发《关于减轻中小学教师负担进一步营造教育教学良好环境的若干意见》，提出了多项具体措施以切实减轻中小学教师负担。2022 年，教师减负在全国两会期间得到高度重视，两会代表委员围绕此问题展开深入讨论。2024 年 4 月 24 日，中央教育工作领导小组秘书组部署开展规范社会事务进校园为中小学教师减负专项整治工作，进一步巩固和深化减负成果。这些举措不仅体现了国家对教师职业发展的重视，也为教师提供了更加宽松和有利的工作环境。

综上所述，基于需要层次理论，通过提高教师薪酬待遇、改革职称评聘制度、实施减负治理等一系列政策，精准完善教育情怀支持体系，可以有效保障教师的生存需要、尊重需要和自我实现需要，从而促进教师的专业发展和提升教育情怀。这些政策和措施的实施，不仅有助于提升教师的职业满意度，还能促进教育事业的健康发展。

（二）中观层面落实促进

1. 强化信念塑造，筑牢教育情怀根基

强化理想信念教育是提升在职教师教育情怀的首要任务。学校可定期组织教师深入学习习近平总书记关于教育的重要论述，特别是对教育家精神的阐释，通过专题讲座、研讨沙龙等形式，引导教师深刻领悟教育在国家发展、民族复兴中的战略地位，将个人教育理想融入强国建设大局。例如，开展"教育报国，我的担当"主题研讨活动，让教师分享身边践行教育理想的感人事迹，激发共鸣，促使教师将"为党育人、为国育才"内化为职业信仰，增强使命感。学校管理者应该革新管理观念，完善内部治理体系，创设良好的工作环境，创建民主、公平、合作的学校文化，增强教师的学校归属感。

树立职业使命感需从教师入职之初抓起，贯穿职业生涯全程。学校应在新教师入职培训课程增设职业规划与使命探寻内容，邀请资深教育专家、模范教师讲述教育生涯中的关键抉择与坚守瞬间，帮助新教师明晰职业发展方向，点燃教育热情。在后续专业成长中，学校可精心创设、用心开展教育仪式，彰显教育仪式的精神陶冶力量。利用好开学典礼、毕业庆典、校庆活动等仪式，丰富师生互动安排流程，促进教师深切感受因学生成长发展而体验到的真实又有温度的积极情感，强化对教育工作的执着追求，激发教师的职业荣誉感、责任感和使命感，进而提升教师的教育情怀。

2. 强化师德涵养，彰显教育情怀魅力

加强师德师风建设是涵养教育情怀的关键环节。学校应完善师德规范制度，细化教师言行准则，将教育家精神中的道德要求具化为可操作的行为规范。例如，在课堂教学中，教师严谨治学，精心雕琢课堂；在师生互动时，尊重学生个性，关爱学生成长；对待学术研究，潜心刻苦钻研，杜绝学术不端。同时，建立健全师德监督与评价机制，引入学生、家长、同事多元评价主体，通过定期师德测评、教学观摩等方式，及时反馈教师师德表现，督促教师以德立身、以德立学、以德施教。

提升教师道德品质需内外兼修。一方面，组织教师参加师德培训课程，学习经典教育伦理著作、师德楷模先进事迹，汲取道德滋养；开展师德案例分析研讨，剖析正反案例，引导教师反思自身行为，强化道德判断与抉择能力。另一方面，鼓励教师在日常教育实践中践行师德，从细微处入手，如主动关心学生心理健康、为困难学生提供个性化帮扶等，以实际行动传递温暖与正能量，让高尚师德成为教育情怀的鲜明标识，彰显其强大感染力。

3. 助力专业精进，提升教育情怀实力

助力教师提升专业素养是夯实教育情怀的核心支撑。各级行政机关、教育主管部门应切实推进《关于减轻中小学教师负担进一步营造教育教学良好环境的若干意见》（中发〔2020〕1号）的落地实施，减少不必要的检查、考核、评估，真正减少教师校内外工作时间，引导教师潜心育人。学校应为教师提供丰富的专业发展资源，搭建多元学习平台。在知识更新上，定期组织学科前沿讲座、学术研讨会，邀请专家学者分享最新研究成果，助力教师紧跟学术潮流，拓宽自身知识视野。在交流合作上，定期举办教师座谈会、教学经验分享会，促进教师之间的经验分享和思想碰撞，鼓励开展合作教学、团队教研等活动，共同提升教育教学质量和科研水平。在教学技能提升方面，组织开展教学工作坊、公开课观摩等活动，让教师在实践演练、交流互评中掌握新的教学方法，如项目式学习、合作学习、探究式教学等，提高课堂教学质量，以扎实的专业能力为教育情怀赋能（张克龙，苏香妹，2020）。

掌握多元教学方法是满足学生多样化需求的必备技能。学校应鼓励教师因材施教，根据学生学习风格、兴趣特长定制教学方案。如，在语文阅读教学中，针对文学素养较高的学生推荐拓展阅读书单，组织读书分享会；对基础薄弱的学生采用情境化阅读教学，提升阅读兴趣与理解能力。同时，借助教育技术手段丰富教学形式，利用在线教学平台拓展学习时空，开展个性化学习辅导，让教师在精准教学中感受学生成长，提升教育成就感，稳固教育情怀。

4. 推动实践磨砺，升华教育情怀境界

组织教育实践活动是锤炼教育情怀的重要途径。学校定期安排教师参与社会实践，如组织教师走进社区开展教育公益讲座、科普宣传等活动，让教师了解社会教育需求，增强服务社会意识；开展乡村支教、城乡教师交流项目，使教师体验不同教育环境，在应对挑战中提升教育情怀的包容性与适应性。例如，城市教师到偏远乡村支教，面对简陋教学条件、多元学生背景，激发自身教育智慧，为乡村孩子点亮知识灯塔，升华教育情怀（马多秀，江敏锐，2023）。

鼓励教师参与教育改革是激发教育情怀活力的关键举措。随着教育领域综合改革的不断推进，学校应引导教师积极投身改革浪潮，参与课程改革、评价体系创新等实践。在课程改革中，鼓励教师结合学科特点，开发校本课程，融入地方文化、时代热点、德育元素，激发学生学习兴趣。在评价改革方面，强化育人为本，坚守德智体美劳共同发展的育人理念，探索多元评价模式，关注学生综合素质发展，从传统"唯分数论"向培养全面发展人才转变，弱化不良评价观念对教师教学理念和教学行为的侵扰，增强教师工作的内部驱动力，激励教师在改革创新中实现教育理想，让教育情怀在时代变革中熠熠生辉。

（三）教师个体自建自育

国家、地方、学校等都是影响教育情怀形成的外在因素，在职教师教育情怀的培育和提升的核心动力来源于教师自身。教师教育情怀的提升是一个复杂的过程，涉及职业认知、情感调适、意志锤炼和反思提升等多个方面。综合情感说、自我建构说等视角，教师教育情怀的培育与提升应从"知—情—意—行"四个维度入手，以崇高的精神境界为引领、高尚的职业观念为基础、健康的情感体验为纽带，在教学生活实践中锤炼意志品质，经持续的行动反思而不断升华。

1. 以自觉践行教育家精神引领教育情怀提升之向

对于在职教师而言，教育家精神是指引其专业成长、教育情怀提升道路上的灯塔。教师应以教育家为榜样，以教育家精神构筑自己的精神高地，把潜心治学、从教报国作为自己一生的事业（林炜，2024）。在当今复杂多变的教育环境中，教师面临着诸多挑战，如教育技术快速更迭、社会对教育质量的期望不断攀升、学生个性化学习需求日益突出等。只有具备教育家精神，教师方能更好地坚守初心，将个人的教育理想与国家发展紧密相连，以更强的使命感投身教育教学实践。

教育家精神作为教育家群体精神和教育家个体精神的统一，是时代教育精神的集中体现，包括爱国情怀、道德意志、职业态度、创新品质、奉献精神和人文关怀等要义（宋文文，张广君，2024）。在新时代教育家精神的指引下，作为躬耕教坛的教育者应通过立德修身让教育德行成为沁润教师品格的精神归属，立志修为让教育使命成为坚定教师信仰的价值底色，立教修心让教育情怀成为滋养教师心灵的生命自觉，立学修业让教育智慧成为修炼教师素养的卓越能力（马爽，吴云志，2024）。

在教育实践中，众多优秀教师以自身行动生动诠释了教育家精神如何落地生根，转化为深厚的教育情怀，为学生成长与教育发展注入强大动力。典型代表如感动中国人物张桂梅校长扎根贫困山区，改变山区女孩受教育困境，是心有大我、至诚报国理想信念的坚定践行者，彰显出教育情怀的磅礴力量。又如，人民教育家于漪老师学识渊博，精心雕琢每一堂课，"站上讲台就是生命在歌唱"，完美展现言为士则、行为世范的道德风范，以自身言行诠释教育情怀的道德深度。再如，特级教师魏书生老师则是启智润心、因材施教的教育大师，生动演绎教育情怀在育人实践中的灵活运用。还有一些已故的教育家事迹也是滋养教师教育情怀的精神食粮，如全国教育系统劳模钱梦龙先生一生勤学笃行、求是创新，推动语文教学变革；教育家陶行知先生创办了晓庄学校，致力于平民教育，是对乐教爱生、甘于奉献的最好诠释；感动中国人物叶嘉莹老师终身志在全球弘扬中华诗词文化，把代表中华传统文化的古典诗词传播到世界各地，体现了她以文化人、胸怀天下的教育情怀。

2. 以树立高尚职业价值定位夯实教育情怀认知之基

认知是情感的基础。高尚的职业价值定位是教师专业持续发展和教育情怀提升的基础和承诺。"人类灵魂的工程师""人类文明的传承者"等传统美誉都说明了教师职业在人类社会发展中的重要作用。当前，在我国加快建设教育强国、科技强国和人才强国，推动教育、科技、人才的协同发展和一体化提升的进程中，教师发挥着更加关键的作用。这要求教师不仅是知识传授者，更要成为学生品格的塑造者；在教学活动中，不但是课程的开发者，还要做学习的引导者；在人才培养中，既要成为基于差异的因材施教者，又要成为激发潜能的创新能力培养者。教师只有对自己的职业性质、意义、作用、价值有着深刻全面的认识，才能进一步对自己所从事的工作充满深厚的感情，对个人的专业发展有较高的自信心。这种健康而高尚的情感累积又进一步促进教师教育教学工作的开展和个人的专业发展（王凤英，柳海民，2012）。

同时，教师还应具备高远的价值追求，这是教育情怀形成的必备素养，并为教育情怀提升带来不竭的内在动力。当面临繁杂的教学任务和事务性工作、不断侵袭的工作疲惫和职业倦怠时，教师具备崇高的思想境界才能超越一个普通从教者的工作性向，自觉克服来自工作的困扰和生活的羁绊，稳固职业向心力和专业信仰，为教育者实现理想抱负提供强大支撑。新时代的教师应清醒地认识到自己的职责所在，准确定位在我国加快建设教育强国、实现教育现代化征程中的历史责任和时代使命，坚持教育者先受教育，努力成为先进思想文化的传播者、学生健康成长的指导者、党执政的坚定支持者（刘凤彪，2022）。这要求教师不仅要有丰富的知识、先进的理念、高超的技能、娴熟的技艺，还要有不忘初心、志存高远、勇于担责、乐于奉献的高尚品德，在倾全力为党育人、为国育才的敬业奉献中，达到超越世俗的专业境界，兑现对党、对人民美好教育期待的承诺。

3. 以形成积极情感体验滋养教育情怀之源

在职教师的教育情怀，不仅体现在对学生的爱与关切上，同时也体现在对自身从事的教育教学工作的投入和喜爱上。教育情怀的养成需要唤醒教师对学生成长的迷恋，需要积累教师与学生相处的智慧，更需要教师对献身教育的承诺。这种承诺体现了教师的意志力，即在教育实践中不断追求卓越，坚持教育理想（王萍，2020）。教师如果只把教育当作谋生的手段，则与教育不是真正的"相遇"，教师不可能真正投入教育事业中，更不可能从教育中体验到成就感和幸福感。乐教爱生、甘于奉献的仁爱之心有助于构建和谐师生关系，让教育充满温度，提升学生的学习积极性。教学相长是促进教师成长的主要动力，学生的成长也是教师职业幸福感的主要源泉。

深厚的情感滋养也是教师专业化持续发展的内在源泉。教师专业发展应以深层伦理情感的人文情怀建构起教师与学生之间的伦理关系，以"情感"与"智慧"为纽带达成育人的合理性。教师具备扎实的学科知识和教育教学知识是能教会教的前提，还要以学生为中心，通过关爱与智慧实现乐教善教。教师应理解和关爱学生，学会用爱心去温暖学生、用耐心去感化学生、用真心去打动学生、用垂范去引导学生（李金禄，2017）。朱熹有云："夫子教人，各因其材。"在实际教学中，秉持启智润心、因材施教的育人智慧，教师能更好地挖掘学生潜能，满足不同学生的学习需求，促进学生个性化发展。

4. 以锤炼优秀人格品质坚定教育情怀发展之志

意志锤炼对于教师来说至关重要，关系到教师能否在面对挑战和困难时坚持职业操守和教育理想。师道尊严、师德高尚，自古以来是中华文化的价值认同和伦理期许。《说文解字》有云："教，上所施，下所效也。"为人师者，必须信守师道，陶铸师德，遵师道以安身立命，养师德以教书育人（王泽应，2019）。作为教师，一方面必须遵循外在的师德师风约束性规范和准则，另一方面也应具备内生的师德师风检视机制和德行自觉。在教育教学过程中，严格落实师德师风第一标准，落实立德树人根本任务，不断提高自身政治意识、政治能力，全方位、全过程注重师德养成，以德立身、以德施教。

5. 以亲身实践行动反思踏稳教育情怀提升之径

教育的实践沃土是孕育在职教师教育情怀的必然路径，反思是教师专业发展的核心，也是提升教师教育情怀的重要途径。在新手型教师、优秀骨干教师乃至教育家型教师的成长之路上，通过"实践成师""实践育师""实践创师"，塑造生成新手教师的专业力量，助力养成成熟教师的专业智慧，着力提升在职教师的教育情怀。在人工智能时代带来的教育数字化转型、新一轮基础教育新课程改革的不断深入等背景下，教师应勇于持续学习与实践创新。树立终身学习理念，不断学习新知识、新技能，积极参与教育教学改革实践，针对教育实践中的问题开展课题研究，基于教育形式变化探索创新教学模式，在实践中提升自己的专业素养和教育情怀。

另外，教师是教育情怀自建自觉的主体，应在实践中建立评价反思提升机制，增强教育情怀的自我认知。教师应加强自我反思，认识到教育情怀对教育工作的重要性，明确自己的教育信念和价值追求，审视自己的教学实践，识别并改进不足之处，不断调整和完善自己的教育行为，从而提升教育情怀的专业境界。通过撰写教育日记、参与教育讨论等方式，教师可以深入思考自己的教育情怀，将内隐的教育信念经过客观总结提升为教育情怀，并在教育实践中不断提升改进，在教育行动中继续探索并予以强化。通过不断学习和实践，教师可以逐步提升自己的教育情怀，从而更好地服务于教育事业和学生的成长。

本章小结

第四章围绕"如何提升新时代教师的教育情怀"这一科学问题展开论述。我们分别针对职前教师和在职教师两个群体提出了相应的教育情怀涵养策略。职前教师教育情怀养成策略包括师范生教育情怀养成课程体系构建、师范生教育情怀示范文化氛围打造、师范生教育情怀实习实践活动优化三个方面。在职教师教育情怀提升策略包括宏观政策支持引导、中观层面落实促进、微观教师个体自建自育三个方面。至此，本书的主体内容已经全部呈现，后续部分为参考文献、研究材料附录、后记。总之，新时代教师厚植教育情怀是弘扬教育家精神的题中应有之义，教育情怀的涵养将伴随每一位教师的教育生涯。

参考文献

艾弗·F·古德森.（2007）.专业知识与教师职业生涯（刘丽丽 译）.北京:北京师范大学出版社.

白丽.（2024）.组织支持、心理韧性及工作——家庭平衡影响高校青年教师工作积极性的协同效应.辽宁师专学报（自然科学版）,4,14–20.

包水梅,刘航.（2024）.制度伦理视域下我国高校教师队伍管理政策偏好研究——基于新中国成立以来256份相关政策的文本分析.教师教育研究,3,26–32.

边玉芳,梁丽婵,田微微.（2024）.构建新时代家教指导服务体系形成协同育人新生态.中国妇女报,6.

卜怡凡.（2023）.情感劳动视角下教师情感表达的调节策略.科教导刊,23,98–100.

蔡冰心,褚莉丽,陈煦海.（2024）.职初教师生活满意度的发展轨迹:职业认同和情绪调节的预测作用.教师发展研究,4,108–116.

蔡其勇,首新.（2024）.为何他们"留得住"?——影响乡村教师乡村教育情怀的多层嵌套分析.当代教育论坛,1,89–99.

曹宗清,赵德成.（2022）.我国基础教育教师荣誉评选政策的特点、问题与建议.广东第二师范学院学报,（5）,11–20.

常桂祥,傅蓉.（2021）.布尔迪厄、科尔曼和帕特南的社会资本理论比较分析.中共济南市委党校学报,2,37–44.

陈柏华,林洋,严欣.（2023）.何以为师:老中师眼中的乡村好教师形象——基于角色理论的质性分析.教育发展研究,10,17–26.

陈丹阳,杜明峰.（2023）.我国中小学教师荣誉制度建构的历史、逻辑与反思.广东第二师范学院学报,43（4）,62–74.

陈南.（2021）.教育生活中的身体呈现——中小学教师的身体社会学考察.

南京：*南京师范大学*.

陈南 .（2023）. 中小学教师加班的身体社会学考察 . *湖南师范大学教育科学学报*，6，115–121.

陈太忠，皮武 .（2021）. 教育情怀：基于"需要—满足"框架的阐释与生成 . *教育理论与实践*，19，16–20.

陈武林，陈颖 .（2023）. 角色理论视野中的班主任身份认同困境及建构路径 . *现代教育管理*，5，82–90.

陈向明 .（2015）. 扎根理论在中国教育研究中的运用探索 . *北京大学教育评论*，1，2–15.

陈紫薇，于晓琪，俞国良 .（2024）. 中学教师心理健康问题的特点、影响因素与发展趋势 . *中国人民大学教育学刊*，3，144–155.

程翠萍，江兴智，孙梦阳，颜会 .（2019）. 基于 Nvivo8 质性分析的小学儿童勇气心理结构探究 . *重庆第二师范学院学报*，5，74–77.

程翠萍，田振华 .（2020）. 基于扎根理论的小学全科教师能力结构模型构建研究 . *教育评论*，1，120–123.

程翠萍，朱小蝶 .（2021）. 何以安心从教：师范生教育情怀的影响因素 . *重庆第二师范学院学报*，5，83–86.

程翠萍 .（2022）. 师范生教育情怀的内涵与结构：基于开放式调查的内容分析 . *重庆第二师范学院学报*，3，122–126.

程翠萍 .（2022）. 小学全科教师职业认同感的内涵、价值及培养路径 . *重庆第二师范学院学报*，4，76–80.

程秀兰，张慧，马颖，曹金金 .（2022）. 幼儿园教师教学正念与职业倦怠的关系：情绪智力和自我效能感的链式中介效应 . *学前教育研究*，3，65–78.

崔保师，邓友超，万作芳，李建民，黄晓磊，秦琳，翁秋怡，曹培杰，杜云英 .（2020）. 扭转教育功利化倾向 . *教育研究*，8，4–17.

崔澜钟，罗淼 .（2024）. 教育家精神引领下的班主任能力提升 . *中国教育学刊*，7，104.

邓涛，李慧，孔凡琴 .（2024）. 高校师范类专业认证行为偏差的现实表征、成因及治理 . *现代教育管理*，4，52–63.

邓远平，罗晓，李丛 .（2012）. 中学班主任职业压力、社会支持与离职意向关系 . *中国公共卫生*，6，804–805.

翟宇君 .（2024）. 地方公费师范生乡土情怀培育的问题与对策 . *教育理论与实践*，1–5.

丁雅琳 .（2023）. 非遗传统文化融入师范生教师职业能力培养的价值与路径 . *教育理论与实践*，33，3–6.

杜德栎，王赢利，刘义民．（2021）．师范生教育情怀养成路径的探索与实践．嘉应学院学报，2，76–79.

杜玉，边仕英．（2024）．乡村振兴背景下民族地区师范生乡村教育情怀提升策略．西昌学院学报（社会科学版），6，107–116.

段宇辉．（2019）．师范专业认证导向下美术教育情怀的培养．教育现代化，59，110–113.

冯用军，赵丹，高杨杰，王鹏炜，赵雪，李玉栋，胡万山．（2023）．加快建设教育强国为中华民族伟大复兴提供有力支撑（笔谈）．现代教育管理，10，24–45.

甫玉龙，刘杰，鲁文静．（2015）．马克斯·韦伯社会分层理论视角下的美国贫困原因剖析．中国行政管理，4，134–139.

付婉迪，尹弘飚．（2021）．高中生数学问题解决过程中的情绪因素．数学教育学报，6，1–7.

傅敏，田慧生．（2008）．教育叙事研究：本质、特征与方法．教育研究，5，36–40.

傅纳，解晓晨，丁翔宇，蒋蕙璘，孟媛．（2024）．凉山彝族自治州中小学组织气氛与教师留任意愿的关系：一个链式中介模型．心理发展与教育，4，510–523.

傅琴．（2021）．把"乡村教育情怀"立起来．人民教育，12，75–76.

高芳，胡小娜．（2020）．师范生教育情怀培养的困境与破解．教育评论，11，120–125.

高慧斌．（2023）．新时代乡村教师激励效果实证分析．河北师范大学学报（教育科学版），5，54–63.

高汝伟．（2018）．基于苏霍姆林斯基情感教育观的师范生乡村教育情怀培育．中学政治教学参考，33，93–96.

高晓清，杨洋．（2022）．绩效考核公平感对县域中小学教师工作投入的影响——基于组织认同的中介效应．教育研究，11，149–159.

耿申，魏强，江涛，王薇．（2020）．班主任的专业素养：基于实证研究的体系建构．中国教育学刊，12，94–98.

管杰．（2017）．唤醒"自发性"：构筑教师专业发展的"生命场"．中小学管理，4，55–57.

郭彪，付屹璇．（2024）．西部地区中小学音乐教师自我效能感与职业认同的关系——离职意向与工作投入的链式中介作用．首都师范大学学报（社会科学版），4，183–191.

郭丽君，胡何琼．（2022）．在线教学中教师关怀与大学生学习满意度的关系：学习投入的中介作用 . 当代教育论坛, 2, 42–50.

郭晓艳, 李松林 .（2023）. 国外大观念课程研究：历程、主题与特点 . 外国教育研究, 8, 84–98.

郭学君, 周眉含, 邵光华 .（2021）. 小学女教师工作——家庭平衡现状及对策研究 . 教师教育研究, 5, 64–73.

韩延伦, 刘若谷 .（2018）. 教育情怀：教师德性自觉与职业坚守 . 教育研究, 5, 83–92.

韩悦, 周正 .（2022）. 美国乡村教师保留率及其社会支持路径研究 . 比较教育学报, 1, 127–142.

何雪玲 .（2014）. 师范生职业情感培育的实践探索 . 江苏师范大学学报（教育科学版）, 1, 8–11.

胡娇, 谢伟强, 徐金玲 .（2021）. 小学教育专业公费师范生的乡村教育情怀：结构、水平与类型 . 惠州学院学报, 2, 12–17.

胡樄 .（2024）. 校园氛围对教师社会情感能力影响的实证研究 . 现代教育, 2, 49–55.

胡晓东 .（2020）. 我国高校教师绩效薪酬政策研究：逻辑演变、理论框架、未来发展 . 国家教育行政学院学报, 1, 89–95.

胡莹莹, 杨一鸣, 王文静 .（2025）. 中小学教师情绪劳动与职业倦怠的纵向联系：情绪弹性和师生关系的链式中介作用 . 心理发展与教育, 3, 357–367.

皇甫科杰 .（2021）. "新时代教师" 的特质内涵初探与培养路径例谈 . 教育导刊, 2, 12–19.

黄光扬 .（2022）. 教育测量与评价（第 3 版）. 上海：华东师范大学出版社 .

黄杰, 朱丹, 杨澳 .（2023）. 实习初期教师职业认同的发展轨迹及其与主动性人格的关系：一项追踪研究 . 心理发展与教育, 1, 40–47.

黄冕, 徐弛 .（2021）. 高职师范生教育情怀培育路径研究——基于具身认知理论的视角 . 大视野, 1, 35–38.

黄庆丽, 孟倩芸 .（2022）. 班主任情感劳动的策略、挑战与应对 . 教育评论, 7, 15–21.

黄万强 .（2019）. 做有教育情怀的教师 . 中学政治教学参考, 28, 1.

贾丽阳, 沈国琪 .（2022）. 公众认知对幼儿园教师职业地位评价的影响——基于郑州市六区五市调查数据的实证分析 . 河南科技学院学报, 2, 44–50.

贾绪计, 蔡林, 林琳, 林崇德 .（2020）. 高中生感知教师支持与学习投入的关系：学业自我效能感和成就目标定向的链式中介作用 . 心理发展与教育, 6, 700–707.

蒋帆.（2024）."双减"背景下教师工作负担与教学热情的关系研究——基于身心健康的中介作用.湖南师范大学教育科学学报,（1）, 112–123.

蒋乃平.（2007）.论师爱的性质、功能及方法.中国职业技术教育, 30, 31–33.

蒯义峰.（2020）.工作时间对班主任职业幸福感的影响——基于中国教育追踪调查（CEPS）数据的实证研究.基础教育, 4, 36–44.

雷万鹏,张子涵.（2024）.定力与坚守：乡村小规模学校教师留任意愿研究.中国教育学刊, 4, 76–82.

李爱珍,熊阳.（2022）.农村小学全科教师教育情怀培育：内涵、困境与突破.吉林省教育学院学报, 7, 31–35.

李斌辉,张家波.（2017）.职前教师需要什么样的教育实践.教育发展研究, 6, 42–49.

李赐平,庞晓晓.（2021）.强师铸魂视域下乡村教育情怀的薄弱根源与厚植路径.现代中小学教育, 11, 51–56.

李大印,张顾文.（2022）.家校合作何以影响高中生社会情感能力——基于 SESS 2019 调查数据的实证分析.湖南师范大学教育科学学报, 5, 52–61.

李都荣.（2021）.师范生实习过程中存在的问题及对策——以运城师范高等专科学校 2018 届毕业生为例.教育理论与实践, 6, 11–14.

李虹,邢朝国,孙通,胡绮梦.（2024）.近 20 年来教师情绪劳动研究：核心议题与研究启示.教育学报, 2, 77–91.

李佳哲,胡咏梅.（2023）.家校合作对城乡初中生学业表现的影响研究.湖南师范大学教育科学学报, 1, 111–122.

李金禄.（2017）.论班主任工作中的教育情怀.福建基础教育研究, 12, 35–36.

李娟,谷思艺,李超群.（2024）.新时代儿童成长背景下以学校为引领的家校共育实践探索.中国教育学刊, 1, 16–18.

李森洁.（2019）.师范生教师职业价值观、职业效能感与职业意志的关系.民族高等教育研究, 4, 67–71.

李宁,张晓琳,王绍媛.（2022）.乡村教师何以坚守：基于教师职业信念视角的实证分析.教育发展研究, 6, 56–64.

李鹏,张志超,杨洋,杨佳奇,李洪玉.（2022）.工作压力对中小学教师职业倦怠的影响：情绪劳动和工作满意度的链式中介作用.心理与行为研究, 3, 412–418.

李如密,黄慧丽.（2013）.教师教学风格对学生的影响机制探析.上海教育科研, 5, 60 63.

李廷洲，张念，秦志莲．（2024）．我国教师地位待遇的历史逻辑、全球坐标与时代议题．*中国教育学刊*，9，7–12.

李伟．（2022）．班主任工作坊：教师发展的诗性文化实践．*武汉：华中科技大学出版社*．

李晓曼，许实年，熊细滚．（2022）．高校教师职称制度的历史演变与改革路径．*河北师范大学学报（教育科学版）*，*24*（3），99–106.

李协吉，孙洪涛，高佩琪．（2024）．教师—学生积极情感表达一致性对中学生学习投入的影响——基于多项式回归与响应面分析．*教师教育研究*，4，72–80.

李秀萍．（2023）．核心素养视域下班主任工作负担的生成与解构．*教育理论与实践*，29，34–38.

李嫣然，柳士彬．（2024）．三维资本视角下中小学教师减负的回潮机理与纾解之道．*教育科学*，2，23–30.

李印，布丹丹．（2023）．高校教师劳动异化与职业倦怠归因分析．*江苏高教*，6，79–85.

李哲，张敏强，黄菲菲，李岩，崔雪平．（2019）．家校合作对青少年学业成绩的影响：一个有调节的中介模型．*心理科学*，5，1091–1097.

梁文艳，孙冉．（2020）．教师合作如何提升学生学业成绩？——教师教学实践和学生学习动机的链式中介作用．*教师教育研究*，3，90–97.

廖斯婧，张威，谢镒逊．（2020）．一位幼儿园园长的教育情怀与实践创新——访贺州市幼儿园园长廖斯婧．*教育观察*，8，3–4.

林宝灯．（2024）．人工智能时代教师职业认同：迷失与回归．*扬州大学学报（高教研究版）*，6，11–18.

林崇德，杨治良，黄希庭．（2004）．心理学大辞典．*上海：上海教育出版社*．

林崇德．（2014）．基于中华民族文化的师德观．*西南大学学报（社会科学版）*，1，43–51.

林崇德．（2018）．发展心理学．*北京：人民教育出版社*．

林炜．（2024）．教育家精神的理论解读与弘扬路径．*北京理工大学学报（社会科学版）*，5，191–198.

刘铖，陈鹏．（2024）．以空间抵时间：从时间转向空间逻辑的教师减负进路．*教育理论与实践*，*44*（31），50–56.

刘丹．（2017）．教师积极情感对学生发展和教师发展的价值及培育．*教师教育研究*，6，23–28.

刘凤彪．（2022）．教师的师德修养与教育情怀塑造．*教育干部学院学报*，*35*（7），4–9.

刘海燕，尹国玉，郑海斌．（2005）．学科教学策略对高中生学习适应性的影响．*心理学探新*，1，32–36.

刘珈宏，冯剑峰，秦鑫鑫．（2023）．中小学教师从教动机对职业倦怠感的影响研究——教师社会情感能力的中介作用．*教师教育研究*，2，97–104.

刘京翠，赵福江．（2022）．"双减"背景下中小学班主任工作现状调查与分析——基于对全国 16166 名班主任的问卷调查．*教育科学研究*，8，44–52.

刘庆昌．（2017）．核心素养教育呼唤教师的教育情怀．*课程教学研究*，11，4–6.

刘庆昌．（2021）．论教师的教育情怀．*教师发展研究*，4，73–80.

刘万海，李倩．（2024）．在地化视角下乡村教师教育情怀的生成机理与现实路径．*教育科学*，3，75–81.

刘伟，李琼．（2022）．为何从教：公费师范生与非公费师范从教动机的多组潜类别分析．*中国高教研究*，10，61–67.

刘炎欣，罗昱．（2019）．教育情怀的哲学思考与内蕴阐释．*教育探索*，1，5–8.

刘炎欣，王向东．（2018）．论教育情怀的生成机制和升华路径——基于文化存在论教育学的视角分析．*中国人民大学教育学刊*，2，130–142.

龙宝新．（2020）．论师范院校的教师教育学科体建设．*当代教师教育*，2，45–51.

卢冬君．（2024）．基于合作博弈理论的家校共育实践探索．*教育理论与实践*，35，9–12.

卢晓中，谢静．（2017）．大学教师荣誉制度与荣誉体系刍议．*江苏高教*，11，1–6.

罗杰，周瑗，陈维，潘运，赵守盈．（2014）．教师职业认同与情感承诺的关系：工作满意度的中介作用．*心理发展与教育*，3，322–328.

罗笑含．（2019）．当代中国中小学教师荣誉表彰制度研究（硕士学位论文）．*南京师范大学，南京*．

马多秀，江敏锐．（2023）．优师专项师范生乡村教育情怀培育的困境及破解．*教育学术月刊*，4，49–55.

马多秀．（2017）．乡村教师的乡土情怀及其生成．*教育理论与实践*，13，42–45.

马洁，王厚红．（2024）．"入站"与"出站"：教育实习情境中师范生身份认同建构研究．*黑龙江高教研究*，9，16–21.

马爽，吴云志．新时代教育家精神的基本内涵、生成机理与时代要求．*当代教育论*，1–7.

马英，黄芙蓉.（2023）.新时代高校师范类专业实践育人研究.学校党建与思想教育，4，74–76.

马永全，钟淑敏.（2024）.地方师范院校厚植师范生乡村教育情怀的逻辑归依、问题表征与应然路径.教师教育研究，4，14–19.

孟繁兴.（2024）.人工智能视域下高职院校实验实训教学改革探讨.科教导刊，23，31–33.

孟慧，陈赟喆，李永鑫，熊梅.（2009）.教师人格特质与压力和倦怠的关系.心理科学，4，846–849.

倪闽景.（2021）.我们应该向张桂梅校长学习什么？教育家，29，72–73.

倪箫吟，张凤琴，成欣欣，曹文文.（2019）.教师招聘面试的重心应落在何处？——基于内蒙古自治区部分地市中小学教师招聘面试情况的调查研究.中小学管理，5，32–34.

彭聃龄.（2004）.普通心理学（修订版）.北京：北京师范大学出版社.

齐家兰，陈玉芳.（2021）."五个引领"厚植教育情怀.湖北教育（政务宣传），1，35–36.

钱朝琼，桂石见.（2019）.教育力量的整合交互与协同效应——榜样教育的实效性探索.中学政治教学参考，9，77–80.

钱芳.（2018）.地方性知识与乡村教师专业发展——教育场域的视角.教育学术月刊，10，98–103.

钱旭升，张铜小琳.（2018）.四年一贯制全程实践效果的年级分析——以某师范大学小学教育专业为例.教师教育研究，3，59–65.

邱德峰，林文，徐梓馨，蒲永明.（2022）.幼儿教师心理负担的影响因素及改善策略——基于扎根理论的探索性分析.教育学术月刊，10，64–72.

邱化民，刘倩倩，石垠.（2023）.欠发达地区教师人际信任对工作满意度的影响：自我效能感和工作投入的中介作用.教师教育研究，6，52–59.

屈红艳，朱家德.（2021）.化茧成蝶：从乡村教师到国家教学名师的教育叙事.中国人民大学教育学刊，2，108–120.

饶从满，吴琼，李晓.（2024）.新时代中国教师素养模型的理论建构.教师教育研究，1，8–15.

荣宁，侯晓强.（2020）.中学骨干教师教育情怀的养成与师范生培养体系的构建.廊坊师范学院学报（社会科学版），3，107–112.

塞德曼.（2009）.质性研究中的访谈：教育与社会科学研究者指南（周海涛，译）.重庆：重庆大学出版社.

尚召奋，李军，张哲明.（2024）.职前学习经历对教师专业素养的影响研究.上海教育评估研究，5，18–22+41.

沈丽娟，王战锋．（2023）．幼儿教师人格特质对教学效能感影响研究．*武夷学院学报*，4，91–96．

沈伟，王娟，孙天慈．（2020）．逆境中的坚守：乡村教师身份建构中的情感劳动与教育情怀．*教育发展研究*，2，54–62．

石中英，安传迎．（2022）．努力培养青少年的健全和高尚人格——习近平有关人格和人格教育重要论述研究．*中国教育学刊*，7，59–64．

史宁中，曹一鸣．（2022）．义务教育数学课程标准（2022 年版）解读．北京：北京师范大学出版社．

史晓繁．（2022）．中小学优秀班主任成长途径研究——基于 67 位中小学优秀班主任传记的内容分析．*课程教材教学研究（教育研究）*，102，44–48．

舒尔茨．（2009）．教育的感情世界．*上海：华东师范大学出版社*．

宋文文，张广君．（2024）．教育家精神的概念阐释、逻辑基点及其理论争鸣．*中国教育科学（中英文）*，1，32–45．

苏海，成云，蒲大勇，苏晓艳．（2021）．供给侧结构性改革视角下乡村教师配置路径分析．*现代中小学教育*，37(7)，79–82．

苏霍姆林斯基．（2008）．给教师的建议．*北京：教育科学出版社*．

孙刚成，拓丹丹．（2017）．教育的解放及其实现——弗莱雷《被压迫者教育学》的当代诠释．*陕西学前师范学院学报*，11，34–39．

孙晓娥．（2011）．扎根理论在深度访谈研究中的实例探析．*西安交通大学学报（社会科学版）*，6，87–92．

孙雪荧．（2023）．守望乡村教育：西部乡村薄弱学校建设的理性逻辑与战略愿景．*民族教育研究*，6，52–58．

谭丽莘，李晴，郭成．（2022）．师生关系对留守儿童学习投入的影响：有调节的中介模型．*心理与行为研究*，6，782–789．

陶行知．（2005）．陶行知全集第 2 卷．*成都：四川教育出版社*．

汪明帅，卓玉婷，陈青松．（2023）．从跨校到跨界：乡村教师学习共同体的动态建构研究．*教育发展研究*，8，38–46．

王炳林，曹雨萌．（2024）．弘扬教育家精神提升教师教书育人能力．*中国高校社会科学*，6，29–38+155．

王波，鞠克亮．（2020）．特殊教育师范生特教情怀：价值意蕴、特征与培育路径研究．*中国特殊教育*，11，49–54．

王晨娅，潘岳林，孙天赐．（2024）．教师荣誉制度实施及其提升教师地位效应研究——基于 22369 份教师问卷的实证分析．*教师教育研究*，5，45–52．

王凤英，柳海民．（2012）．走向以"情"为根基的教师专业发展．*教师教育研究*，3，22–25．

王钢，黄旭，张大均．（2017）．幼儿教师职业压力和心理资本对职业幸福感的影响：应对方式和文化的作用．*心理与行为研究*，1，83–91+120．

王国霞，赵扬．（2022）．教师自主支持与学生学业成就关系的元分析：心理需要满足、动机及投入的中介作用．*心理发展与教育*，3，380–390．

王恒，宋萑，王晨霞．（2020）．校长教学领导力对教师幸福感的影响——以教师集体效能感和自我效能感为链式中介．*全球教育展望*，6，90–101．

王家欣，施雨丹．（2021）．"互联网＋"时代卓越教师的核心素养研究——基于扎根理论的实证分析．*现代教育论丛*，5，34–41．

王健，孟丹祺．（2023）．指向实践智慧生成的师范生教育见实习机制改革思考——来自新加坡 V3SK 框架的启示．*教师教育研究*，2，120–128．

王晋，冯柯梦．（2024）．论教育家精神的养成——从于漪先生的教育实践之路说起．*河南教育（基础教育版）*，6，13–14．

王俊山，卢家楣．（2014）．中小学班主任情感素质提升的干预实验研究．*上海教育科研*，12，31–34．

王俊山，卢家楣．（2015）．中小学班主任情感素质的调查研究．*心理与行为研究*，1，52–58．

王梦霏．（2024）．教师情感表达育人智慧的意蕴、表征与生成．*教学与管理*，15，10–14．

王萍，李雨露．（2022）．教育情怀的情感之维及生成路径——基于情感现象学的视角．*教师教育研究*，4，1–6．

王萍，林利民．（2024）．教育现象学视域下师范生教育情怀的养成及其践行．*教育发展研究*，17，67–74．

王萍．（2020）．教师的教育情怀及其养成——基于教育现象学的视角．*当代教育科学*，9，18–23．

王萍．（2023）．新时代师德师风网络舆情的现实困境及治理方略．*中国德育*，18，40–45．

王守军．（2022）．开创"优师计划"人才培养新局面．*中国高等教育*，18，1．

王涛，刘善槐．（2024）．农村幼儿园教师缘何缺乏地位认同？——基于 10 省 22 县（市）调查数据的实证分析．*学前教育研究*，4，1–12．

王威威，刘学智．（2023）．米德符号互动论视角下的教师专业素养生成．*教育理论与实践*，26，34–37．

王文静，刘一璇，杨一鸣，袁鑫．（2024）．县中教师主观社会地位对教育情怀的作用机制——基于东中西 3 省 7 县 1808 名教师的调查．*教育科学研究*，5，74–81．

王文静．（2024）．让教育家精神成为广大教师的自觉追求．*人民论坛*，20，

34–38.

　　王泽应.（2014）.遵师道以安身立命铸师德以教书育人——对传统师道与师德的新思考.*探索与争鸣*,4,18–19.

　　王振宏,李彩娜.（2022）.教育心理学（第2版）.北京:高等教育出版社.

　　魏宏聚.（2013）.教育家核心价值:超越世俗的教育情怀.*中国教育学刊*,1,8–10.

　　魏宏聚.（2013）.论师生交往中"师爱"发生的价值秩序——以霍懋征、斯霞"师爱"实践探寻"师爱"发生机制.*河南大学学报（社会科学版）*,3,143–148.

　　温忠麟.（2017）.教育研究方法基础（第3版）.北京:高等教育出版社.

　　吴红,王凤.（2022）.数学教师有效教学风格对小学生课堂参与度的影响:学业自我效能感的纵向中介作用.*数学教育学报*,2,40–45.

　　吴琼,李晓.（2024）.新时代中国教师应具备什么样的素养?——基于教师视角的"新时代中国教师素养模型"的调查验证.*教育科学*,3,24–30.

　　吴皖赣.（2020）.学前教育专业师范生教育情怀培育:内涵、价值与策略.*成都师范学院学报*,6,21–26.

　　吴叶林,徐涵,高凌希.（2023）.教育家精神融入高校教师教育:逻辑、功能与模式.*黑龙江高教研究*,4,1–7.

　　吴宗劲,王静.（2024）.论师德情怀:内涵、意义与构成要素.*教育科学*,3,10–16.

　　武建君.（2024）.家校携手,助力成长——关于初中班级管理中家校合作的思考.*中国教育学刊*,S2,5–16.

　　夏海鹰.（2014）.班主任视野、境界、情怀探究——"国培"班主任专业发展价值突围.*教师教育研究*,6,22–26.

　　夏巍,范宇辰,张轩瑜,李锐.（2024）.学校组织气氛对特殊教育教师工作满意度的影响:胜任力水平和职业幸福感的链式中介作用.*中国特殊教育*,5,78–86.

　　肖凤翔,张明雪.（2018）.教育情怀:现代教师的核心素养.*河北师范大学学报（教育科学版）*,5,97–102.

　　谢姗姗,林楠,郑婉卿,陈艳萍,沈逸琳,林荣茂.（2024）.中小学教师职业人格的类型探索:基于潜在剖面分析.*心理技术与应用*,11,655–667.

　　行冬梅,方婧.（2018）.历史教师教育情怀的探索与追求.*教育现代化*,30,126–128.

　　熊金菊,陶志琼.（2008）.身份认同变化:社会文化取向的初任教师发展.*教育发展研究*,2,68–70.

徐淼，宋萑．（2023）．教师教育者教学专业性的追问——X师大教师教"教"的个案研究．*西北师大学报（社会科学版）*，6，40–51.

许家盘，李如密．（2024）．文化回应：地方公费师范生回归乡土的教育之路．*教育理论与实践*，25，27–34.

薛海平，张诗雅．（2024）．“双减”背景下义务教育教师工作负担水平及结构研究．*中国教育学刊*，7，70–77.

荀渊，曹茳蕾．（2023）．我国提高教师地位政策回顾及其政策体系构建的路径与策略．*教师教育研究*，4，28–33.

闫思宇．（2024）．乡村教师教育情怀培育的制度困境与突围．*现代教育*，7，41–47.

严秀英，雪花，周红伟．（2024）．民族地区乡村教师教育信念的生成与发展——基于终极责任视角的教育叙事研究．*民族教育研究*，3，111–119.

杨福章．（2007）．教育爱的价值．*中国成人教育*，21，17–18.

杨明全，岳鑫．（2023）．习近平新时代教师队伍建设重要论述的丰富内涵——兼论我国教师培养的时代使命．*教师教育研究*，6，1–6.

杨文领．（2010）．班主任工作中的师爱研究．*思想战线*，1，352–354.

杨小微，夏静芳．（2024）．教育家精神弘扬与新时代教师角色重建．*上海教育科研*，10，1–7.

杨旭．（2019）．中小学教师教育情怀的培养．*西部素质教育*，6，115–116.

杨一鸣，李娜，胡莹莹，王文静．（2021）．中小学教师性格优势与职业幸福感的关系：基于潜在剖面分析．*中国特殊教育*，3，84–90.

姚炎昕，雷江华．（2023）．教师教育情怀：人性逻辑、德性素养与智慧生成．*中国教育科学（中英文）*，2，121–131.

尹昊，王智超．（2023）．中小学教师职称制度结构问题审思．*中国教育学刊*，11，55–60.

于冬梅，黄友初．（2024）．小学数学专家型教师课堂教学的基本特征——基于4位专家型教师教学视频的分析．*数学教育学报*，2，41–48.

于海英，田春艳，远新蕾．（2023）．增强乡村教师留任意愿的社会支持研究．*当代教育科学*，9，71–80.

于莹．（2023）．组织支持、家庭支持与中小学教师的工作—家庭冲突、工作—家庭增益及职业幸福感的关系研究．*济南：济南大学*．

于泽元，文炫．（2023）．幼儿教师师德的自我图像建构．*教师教育学报*，6，21–29.

臧殿高．（2009）．教育情怀：孕育一种精神力量．*江苏教育研究*，35，26–28.

曾练平，曾冬平，屈家宁，佘爱，燕良轼．（2021）．中小学教师工作家庭平衡的异质性：基于潜在剖面分析．*中国临床心理学杂志*，1，161–164．

曾练平，王语嫣，曾垂凯，黄亚夫，赵守盈．（2021）．工作自主性对中小学教师幸福感的影响：工作重塑与工作家庭平衡的链式中介效应．*心理科学*，3，705–712．

曾玲娟，江丽晶，李凤仪，张玲．（2023）．人格特质对小学教师离职意向的影响：基于中介和遮掩效应．*通化师范学院学报*，5，100–108．

张聪．（2021）．新时代中小学班主任的职业幸福感．*教育科学研究*，12，81–88．

张大均．（2015）．教育心理学．北京：人民教育出版社．

张光富．（1998）．小学生情感特点研究．*中国教育学刊*，2，25–27．

张晗．（2024）．新时代课程思政建设的多维审视．*思想政治课教学*，11，8–12．

张辉蓉，李东香．（2023）．中小学教师教学领导力评价指标体系的构建与应用．*教育科学*，5，59–66．

张佳伟，刘雨青．（2024）．学做教师：教育实习期间师范生情感劳动的质性研究．*教育发展研究*，17，75–84．

张家军，王嘉龄．（2022）．师范生乡村教育情怀培育模型、机制与实现路径——基于烙印理论视角．*教师教育学报*，4，76–84．

张家军，闫君子，韩硕．（2023）．中小学教师负担治理的效果测度与改进路径．*西南大学学报（社会科学版）*，5，163–175．

张克龙，苏香妹．（2020）．基于教师"心怀·胸怀·情怀"提升的学校管理策略．*现代中小学教育*，1，82–86．

张丽萍，马晓凤．（2022）．乡村教师荣誉制度实施困境与对策研究——基于乡村青年教师视角．*现代中小学教育*，3，72–76．

张良才．（1999）．中国古代教育家的师爱及其现代价值．*教育研究*，9，72–76．

张琳，曹喆，徐干城．（2024）．冲出重"唯"：学术资本视域下高校教师评价改革的困境、症结与出路．*国家教育行政学院学报*，7，12–19．

张灵，童腮军．（2021）．改革开放以来乡村教师薪酬政策的变迁与展望——基于历史制度主义的视角．*教育学术月刊*，11，46–53．

张明，陈改，韩梅，王竞一．（2020）．全纳教育教师职业使命感对工作幸福感的影响：自我效能感的中介效应．*心理与行为研究*，2，248–254．

张琼，张广君．（2012）．教育叙事研究在中国：成就、问题、影响与突破．*高等教育研究*，4，58–64．

张霞霞 .（2016）. 教学风格中教师教学理念的功能与转化路径 . *中国成人教育*, 17, 101–103.

张晓芳, 胡维芳 .（2020）. 高职教师人格特征对职业承诺的影响研究 . *职教论坛*, 4, 83–87.

张笑予, 祁占勇 .（2022）. 国家教师荣誉制度的价值意蕴与政策供给 . *国家教育行政学院学报*, 8, 61–70.

张学敏, 尹春杰 .（2022）. 乡村振兴视域下乡村教师队伍高质量建设研究 . *广西社会科学*, 10, 146–153.

张杨波 .（2022）. 情感劳动理论的贡献、局限与拓展——引入关系向度理论的分析 . *中国社会科学评价*, 3, 32–41.

张玉启, 兰正彦 .（2024）. 构建人才培养导向的高校教师评价体系：困境、动因与路径——以重庆 15 所本科高校专业技术职务评聘的政策分析为例 . *中国大学教学*, 6, 62–67.

张珍珍 .（2024）. 陶行知的乡村教育情怀及其现实意蕴 . *教师教育学报*, 3, 47–54.

张正平, 邱龄莹, 陈羿君 .（2017）. 台湾偏远地区教师出走现况：幸福感、学校组织气氛和离职倾向的关系 . *苏州大学学报（教育科学版）*, 2, 94–104.

张志平 .（2006）. 情感的本质与意义：舍勒的情感现象学概论 . *上海：上海人民出版社* .

张子奇, 李惠玲, 王婷 .（2024）. 基于护生临床体验反思日记的"双师型"教师榜样示范作用研究 . *护理学杂志*, 13, 92–95.

赵秀文 .（2011）. "控制"还是"解放"——探问学校管理制度的根本价值诉求 . *当代教育科学*, 4, 7–10.

赵玉芳 .（2022）. 职业价值与自我效能：教师幸福感的双重促进路径 . *教师教育学报*, 4, 27–36.

郑金洲 .（2003）. 学校教育研究方法 . *北京：教育科学出版社* .

郑艺, 付铁, 马树奇, 丁洪生, 龙晓燕, 李艺君 .（2020）. 高校实验实训教学平台建设和运行机制的研究与实践 . *实验技术与管理*, 11, 6–10+14.

郑钰雯, 陈扬 .（2021）. 乡村定向师范生教育情怀的内涵探析 . *科学咨询（教育科研）*, 7, 126–127.

郑智勇, 宋乃庆 .（2023）. 中小学教师智能教育素养测评指标体系构建研究 . *中国电化教育*, 12, 75–83.

中国社会科学院语言研究所词典编辑室 .（2007）. 现代汉语小词典（第 5 版）. *北京：商务印书馆* .

中华人民共和国教育部 . 江西建立乡村教师长期从教荣誉制度［EB/OL］.

（2016-09-06）［2024-11-13］.

周彬.（2019）.教师教育变革40年：历程、经验与挑战.*教师教育研究*，2，1–7.

周凡，张敬威.（2022）.初任教师社会化过程中角色扮演的困境与突破——基于社会角色理论的视角.*教育科学研究*，5，87–91，96.

周福盛，李先花.（2023）.教育生活中教师身体价值的沉沦与回归——身体哲学视角的分析.*教育理论与实践*，10，35–41.

周洪宇.（2021）.回归大学之道：章开沅口述史.*武汉：华中科技大学出版社*.

周化娟.（2023）.中学教师工作家庭冲突对职业倦怠的影响：家庭支持的中介作用.*长沙：湖南农业大学*.

周军.（2023）.班级管理中高中班主任的陪伴研究.*教育理论与实践*，5，21–24.

周亚芳.（2024）.从深层假设到人工成分：师范文化的失落与重振.*广西社会科学*，4，167–172.

周昱勤，孔祥渊.（2024）."双减"背景下班主任专业发展的机遇与挑战.*教学与管理*，13，28–32.

朱德全，徐小容.（2022）.*教育测量与评价*.北京：高等教育出版社.

朱芳慧，杨锋.（2016）.运用儿童文学插画提高儿童审美能力.*教育导刊*，17，85–88.

朱江华.（2024）.学生发展：师范专业认证理念及其实现——基于学生中心理念的省思.*高教发展与评估*，5，12–21.

朱楠，施莅，曹文，高利，王娇娇.（2021）.视力障碍学生英语学习动机的特征及其与教师支持的关系研究.*中国特殊教育*，7，51–59.

朱宁波，崔慧丽.（2018）.新时代背景下教师品质提升的要素和路径选择.*教育科学*，6，49–54.

朱彤彤，张爱琴.（2019）.核心素养：培养乡村小学全科教师的新视角.*基础教育研究*，7，24–26.

朱晓宏.（2009）.重新理解教师之爱——基于舍勒的情感现象学视域.*教育研究*，11，53–57.

朱永新.（2024）.教研制度：强国建设的教育基石.*教育研究*，1，80–88.

宗锦莲.（2021）.在数字的世界中生存——基于对教师招聘考试的社会学观察.*教育发展研究*，12，45–51.

宗序亚.（2012）.论学校德育的有限性及其突破可能——基于德育方法视角的分析.*教育学术月刊*，5，49–50.

Astleitner, H. (2000). Designing Instructional Technology from an Emotional Perspective. *Journal of Research on Computing in Education*, 4, 497–510.

Chen, J. (2019). Exploring the Impact of Teacher Emotions on Their Approaches to Teaching: A Structural Equation Modelling Approach. *British Journal of Educational Psychology*, 1, 57–74.

Cowie, N. (2010). Emotions that Experienced English as a Foreign Language (EFL) Teachers Feel about Their Students, Their Colleagues and Their Work. *Teaching and Teacher Education*, 1, 235–242.

Cross, D. I., & Hong, Ji. Y. (2012). An Ecological Examination of Teachers' Emotions in the School Context. *Teaching and Teacher Education*, 7, 957–967.

Ebersold, S., Rahm, T., & Heise, E. (2019). Autonomy Support and Well-being in Teachers: Differential Mediations through Basic Psychological Need Satisfaction and Frustration. *Social Psychology of Education*, *22*(4), 921–942.

Fu, C. S., Lin S. T., Su, S. H., & Guo, C. Y. (2010). What's the Matter in Class? Preschool Teachers' Emotions Expression. *Procedia-Social and Behavioral Sciences*, 2, 4887–4891.

Hargreaves, A. (2001). Emotional Geographies of Teaching. *Teachers College Record*, 6, 1056.

Hascher Tina & Waber Jennifer. (2021). Teacher Well-being: A Systematic Review of the Research Literature from the Year 2000–2019. *Educational Research Review*, 34, 100411.

Jones Catherine, Hadley Fay, Waniganayake Manjula, Johnstone Melissa, Baard P. P., Deci E. L. ... & Maatta K. ... (2019). Find Your Tribe! Early Childhood Educators Defining and Identifying Key Factors that Support Their Workplace Wellbeing: *Australasian Journal of Early Childhood*, 4, 326–338.

Karen Holcombe Ehrhart & Guido Makransky. (2007). Testing Vocational Interests and Personality as Predictors of Person-Vocation and Person-Job Fit. *Journal of Career Assessment*, 2, 206–226.

Liljestrom, A. (2007). There's No Place for Feeling like This in the Workplace: Women Teachers' Anger in School Settings. *Emotion in Education*, 275–291.

Park, S., & Ryu, J. (2019). Exploring Preservice Teachers' Emotional Experiences in an Immersive Virtual Teaching Simulation through Facial Expression Recognition. *International Journal of Human—Computer Interaction*, 6, 521–533.

Postareff, L., & Lindblom-Ylänne, S. (2011). Emotions and Confidence within Teaching in Higher Education. *Studies in Higher Education*, 7, 799–813.

215

Schmidt, M., & Datnow, A. (2005). Teachers' Sense-Making about Comprehensive School Reform: The Influence of Emotions. *Teaching and Teacher Education*, 8, 949–965.

Sutton, R. E., & Wheatley, K. F. (2003). Teachers' Emotions and Teaching: A Review of the Literature and Directions for Future Research. Educational Psychology Review, 4, 327–358.

Veen, K. van, & Lasky, S. (2005). Emotions as a Lens to Explore Teacher Identity and Change: Different Theoretical Approaches. *Teaching and Teacher Education*, 8, 895–898.

Zembylas, M. (2005). Discursive Practices, Genealogies, and Emotional Rules: A Poststructuralist View on Emotion and Identity in Teaching. *Teaching and Teacher Education*, 8, 935–948.

Zembylas, M. (2011). Investigating the Emotional Geographies of Exclusion at a Multicultural School. *Emotion, Space and Society*, 3, 151–159.

附录1 儿童访谈逐字稿节选

问题一：你认为教师的教育情怀体现在哪些方面？

我认为教师的教育情怀体现在以下方面：一是关心热爱学生，教师了解关心学生，学生也会渐渐喜欢上这位老师而且会认真听他的课。二是优秀的思想品德，我认为思想品德好的老师才会教出好的学生。三是专业知识，教师有了许多知识，就会培育更好的学生，我们学生有不会的地方，老师也能有多种方法来教。四是教师的责任，每位教师都要对学生负责，要履行自己的职责，不像有的老师一点都不负责，回答学生的问题都没有耐心。五是教师的外表，老师在学校应该穿得好看，课堂上能吸引我们的注意。

问题二：根据刚才的回答，你能否简单总结一下教师的教育情怀包含哪些内容？

我认为教师的教育情怀包含着教师对学生的关爱，有着丰富的教学经验和良好的品行习惯，能引导学生朝着更好的方向前进。老师还要热爱学校、完成学校安排的那些任务，最重要的是爱我们、包容我们，等等。

问题三：总的来说，你认为教师的教育情怀是什么？

我认为老师的教育情怀是一种为国家、为学校、为学生默默付出的感情。教育情怀也是一种积极向上、端正认真、一丝不苟的教育方式，是一种热爱学生、热爱教学的情感。老师的教育情怀还是一心一意地为了教育事业，为了国家培养人才，为学生找到好的未来的奋斗精神。

附录2 师范生访谈逐字稿节选

访谈员：第一个就是社会层面的因素，您认为影响到您的教育情怀的社会因素会有哪些？

受访者：主要是工作环境。工作环境、薪水都是。

访谈员：工作环境和薪资待遇。可以说说具体它是怎么影响到你的教育情怀的吗？就是现在的工作环境。

受访者：嗯，其实您可能不知道啊，如果还没有去过这些农村的话，肯定是不能感受到农村条件的艰苦。

访谈员：你刚才谈到的应该是那种环境条件比较恶劣啊，也不是那种很好的嘛。我还是想说那你刚才谈到的工作环境。

受访者：嗯，但是还好，因为我看到了我们就想到那个地方，条件都不错。那然后就是薪资待遇。

访谈员：薪资待遇会对你的教育情怀产生什么影响吗？

受访者：因为当老师吧，都有一种安定的想法，就是小富即安。并不是会要求太多，够用就行。

访谈员：好的。然后除了这两个方面，您还有其他需要补充的因素吗？首先就是您工作过后，那些你学生的一些家长的不尊重和不配合，会不会对您的教育情怀产生影响？

受访者：嗯，我会认为它就是教育教学过程中那种职场的行为吧，因为不可能像我们一样，就不可能顾及每一个同学的感受，这当然我们也不可能顾及每一个家长，可能会有些家长有意见，但是我说先尽量避免。但是怎么说呢？就是这个样子。

访谈员：嗯，然后就是一个社会群体对教师的一个看法，会不会对人的教育情况产生影响？

受访者：在社会中，教师的地位是比较高的吧，因为教师始终都是比较受尊重的。

访谈员：就是不太尊重教师这个职业的话，会不会对你的教育情怀有影响？

受访者：嗯，我不太关注社会的一些信息，因为我选这个专业就是选择当教师啊，我比较单纯，然后看得见自己未来的发展。

访谈员：嗯，好的。您刚才谈到的社会因素应该就是工作环境和薪资待遇这两个方面，然后就是学校层面的因素。您认为影响到您教育计划的学校因素会有哪些？您可以从大学和小学这两个学校层面谈。

受访者：其实主要是从小受老师的关注比较多吧，然后觉得老师在心目中的地位就是那种比较高、比较伟大，关心同学。然后，甘心为同学付出。就是小学的老师也是对我比较关心的那种，我也想成为他们中的一员。

访谈员：嗯，你刚才说的可能就是一个榜样的作用，是吧？

受访者：把它归为个人层面的因素，就是榜样示范的一个作用。

访谈员：你刚才谈到你的父亲是也是一个乡村教师，是吧？这应该就是一个榜样。你刚才谈到，您认为影响到您教育情怀的学校因素都有哪些？比如说小学，你工作的这些教学资源，就是教学设备, 这个会不会对你的教育情怀产生影响?

受访者:其实我看过我们那个地区的所有设备都已经比我们高中的还好, 没有多大的问题。

访谈员:再有就是小学那些人际关系, 比如说同事之间的竞争关系, 还有上下级之间的这种关系。

受访者:就会跟人家关系好啊, 那都是正常工作过程中的真感情。再一个就是小学的各种工作的管理制度。因为每一个行业都有它自身的制度, 它会通过自身的制度去规范人们的行为, 包括必须要在一个框架内实行实施自己的行为, 才不会产生混乱。

访谈员:还有其他影响因素吗?

受访者:那比如说小学施加给我的出差, 不是我的本职工作, 还要附加给我一些其他工作的话, 还是很烦的。

访谈员:大学对你的教育情怀养成有哪些作用?

受访者:大学的老师对我们影响很大, 除了知识传授, 其实也会考虑我们的需求, 努力改进自己的教学, 帮我们提供实习单位, 还会努力给我们解决一些困难等, 都是利于我们的情怀习得的。

访谈员:好的, 感谢你从这么多方面提出了教育情怀的影响因素。

附录 3 乡村小学教师教育叙事节选

"才分到安稳镇中心小学的时候，我面临两个选择，一是留在中心校任教，二是去村小，在这两者之间我毫不犹豫地选择了去村小。"2017 年 8 月刚毕业的小学全科教师邱老师主动选择到较为偏远的农村教学点——大堰村小学，开启自己的职业生涯。

青山环抱，绿草如茵，碎石子铺成的简易公路从学校旁边穿过，一直通到山里更遥远的地方。青石块铺成的石板路，从学校院门前经过，穿过一块一块种满稻米、红薯、西红柿、青椒的农田。几栋红砖砌成的小楼，伫立在青石板路的两边，楼顶的瓦片上不时飘出袅袅的白色炊烟，这就是邱老师对大堰村乡村教学点的第一印象。

安稳镇大堰村小学教学点一共有七位教师，其中三位是老教师，剩下四位都是刚刚毕业就参加工作的"新手"，全校学生只有72 人。刚参加工作的邱老师就被学校赋以四年级班主任的重任，同时充分发挥了跨学科的教学优势，担任了本班语文、数学、英语、品德、体育、科学等绝大部分课程的教学任务。邱老师认为，"包班制"是她从教以来体会最为深刻的一个词。

对邱老师这样的新老师来说，刚开始工作首先面临的问题就是人与人之间的沟通，包括与同事、学生之间的沟通交流等。邱老师坦言，刚开始的时候也感到忐忑，突然来到一个陌生的工作环境，面对教学工作的严要求高标准，如何与前辈们和同事们和睦相处并相互学习，邱老师在内心深处是担忧的。

"其实老前辈们都是很好相处的，我们就像一家人一样。"邱老师说。在工作中他们七位老师经常坐在一起就教学工作开会研讨，就像平时在办公室里聊天一样。由于教学经验不足，在具体的教学活动实践中，很多困惑就自然而然地显现出来。"这时候，老前辈们总是用他们自己的教学经历给我们一些启示和帮助。"

"我特别喜欢孩子们，每次和孩子们聊外面的世界的时候，他们都觉得特别的有吸引力，所以我来这里也希望自己能够把自己所了解到的一切知识，不管是书本上的还是生活中的，都带给我的学生们。"邱老师这样言辞诚恳地谈到。几天下来，并没有出现心里所担心的学生在课堂上不配合的情况。在课下的时候，邱老师经常会给孩子们讲一些大山外面的故事，拓展孩子们对外面世界的认知。邱老师认为，知识传递最重要的是"点亮"，给大山中的孩子讲授诸如科学、天文、流行文化、科技发展等知识都可能在他们心中种下一颗不一样的种子！

"因为我自己就是在农村小学读书长大的。当时非常幸运地遇到了一位年轻教师，她太了解农村孩子需要什么，为我的生活带来了很多改变。因此，毕业之后，我也希望回到最初的起点，薪火相传，用自己的行动为乡村里的孩子们带来些许改变。"这就是邱老师主动放弃乡镇中心学校的机会而申请来到村小教学点工作的最质朴的缘由。

今天，邱老师已经在大堰村小工作两个年头了。她说还想继续坚持在这里教学，只要这个教学点还在，她就要继续教下去。

民风淳朴的山里，开满了很多纯白色的丁香花。邱老师这样的年轻全科教师就如盛开的丁香花，在生机盎然的大山里默默盛开，绽放着他们的美丽和青春！

附录4 中学班主任工作日志节选

类别： 学生个别谈话　　　　　　　　**主持人：** 班主任

时间： 10月16日　**地点：** 办公室　　**参与者：** 王██

主要内容： 王同学在平时布置的家庭任务中总是存在逃避完成作业的情况，或者存在随意写一写，草草了事，出现这种情况时，我第一时间给他讲明家庭任务完成要态度端正，认真踏实地做，他在我的面前满口答应。第二天他的作业任务依旧和昨天一样，于是我就把他在办公室深入交流，当我问起，家里面是谁负责照顾他的生活，辅导他的学习时，他告诉我是他的奶奶，妈妈已经在外工作许多了，经过我们的沟通交流，发现他的父母属于离婚状态，两人都在外地，谈起他的父母，他的眼泪止不住的流，我才意识到他对父母的想念，以及他的学习态度懒散的原因。

工作效果及体会： 他上课时，我去找了他妈妈的电话，了解了相关情况，他的妈妈告诉我她对不起他，但是以後又是自私无法照看他平时的学习等等于，我课后再次与他沟通，鼓励他，肯定他，他上课时还不断很积极回答呢！希望孩子有那种希望家长陪陪。

类别： 小矛盾调解型　　　　　　　　**主持人：** 班主任

时间： 10月18日　**地点：** 办公室　　**参与者：** ██宏和██████

主要内容： 起因是下晚饭时，胡正宏无聊趴在李援新的桌上，李援新让他起楠把他弄走，由于楠就直接手打胡正宏，巴掌一出去，把他的眼角给打红肿了一点，他目疼痛起了其他学生报告给我又是，对这类矛盾事件我先了解事情的原委，再讲清楚事情的主要错过方和次要错过方，同时把他们每个人所不应该出现的举动列举出来，让他们自己判断谁是主要出现在教室里，除此之外，教育他们是同学，应互相帮助，不能随意伤害别人，不小心伤害别到以要诚恳勇于致歉。

工作效果及体会： 调解教育后他们也没有发生类似的行为，并且事后我在班会里强调了课时间不允许身体打闹无故欺负别人的规定，孩子一起说了对错-74发生矛盾，但此类矛盾应要第一时间调解教育，以免以后再次出现。

附录5　调查问卷

各位在职老师和准教师，你们好：

　　以下是一些关于您从教感受及其影响因素的问题，问题没有对错之分。请根据您的真实情况作答，调查结果仅用于科学研究，我们一定做好保密工作。谢谢您的配合！

——新时代教师研究课题组

1. 我发自内心认同教师职业的崇高价值。

① 很不符合　　　② 不符合　　　③ 一般

④ 符合　　　　　⑤ 很符合

2. 我从心底里认同教师教书育人的职业角色。

① 很不符合　　　② 不符合　　　③ 一般

④ 符合　　　　　⑤ 很符合

3. 我发自肺腑认同教师教育教学的职业效能。

① 很不符合　　　② 不符合　　　③ 一般

④ 符合　　　　　⑤ 很符合

4. 我一直对学生成长抱有仁爱之心。

① 很不符合　　　② 不符合　　　③ 一般

④ 符合　　　　　⑤ 很符合

5. 我总是对学生犯错持有宽容之心。

① 很不符合　　　② 不符合　　　③ 一般

④ 符合　　　　　⑤ 很符合

6. 我始终对学生疑难充满耐心。

① 很不符合　　　② 不符合　　　③ 一般

④ 符合　　　　　⑤ 很符合

7. 我经常对学生人格保持尊重。

① 很不符合　　　② 不符合　　　③ 一般

④ 符合　　　　　⑤ 很符合

8. 我发自内心坚持从教的职业信念。

① 很不符合　　　② 不符合　　　③ 一般

④ 符合　　　　　⑤ 很符合

9. 我自主肩负教师的职业责任。

① 很不符合　　　② 不符合　　　③ 一般

④ 符合　　　　　⑤ 很符合

10. 我由衷坚定从教的职业意愿。

① 很不符合　　　② 不符合　　　③ 一般

④ 符合　　　　　⑤ 很符合

11. 您的性别是

① 男　　　　　　② 女

12. 您的年龄段是

① 18—25 岁　　　② 26—35 岁　　　③ 36—60 岁

④ 60 岁以上

13. 您所教的学段是

① 幼儿园　　　　② 小学　　　　　③ 初中

④ 高中　　　　　⑤ 大学及以上

14. 您的学历是

① 大专及以下　　　② 本科　　　　　③ 研究生

15. 您的婚姻状况是

① 已婚　　　　　　② 未婚

16. 您的政治面貌是

① 中共党员　　　　② 民主党派成员

③ 群众

17. 您的月收入区间是

① 3000 元及以下　② 3000—5999 元

③ 6000—8999 元　④ 9000—11999 元

⑤ 12000 元以上

18. 您的身体状况是

① 非常不好　　　　② 不太好　　　　③ 一般

④ 比较好　　　　　⑤ 非常好

19. 您的性格类型是

① 外向型　　　　　② 内向型

20. 家人对您从教的态度是

① 非常不支持　　　② 比较不支持　　③ 无所谓

④ 比较支持　　　　⑤ 非常支持

21. 您身边教育情怀深厚的前辈

① 非常少　　　　　② 比较少　　　　③ 一般

④ 比较多　　　　　⑤ 非常多

22. 您学校人际氛围整体如何

① 非常不融洽　　　② 不太融洽　　　③ 一般

④ 比较融洽　　　　⑤ 非常融洽

23. 您学校的管理制度

① 完全不人性化　　② 比较不人性化　　③ 一般

④ 比较人性化　　⑤ 非常人性化

24. 您学校的教学硬件

① 非常不完善　　② 比较不完善　　③ 一般

④ 比较完善　　⑤ 非常完善

25. 您学校地处

① 城区　　　　② 县城　　　　③ 村镇

26. 学校派给您的非教学任务量

① 非常少　　　　② 比较少　　　　③ 一般

④ 比较多　　⑤ 非常多

27. 您所教学生的学习动机如何

① 非常低　　　　② 比较低　　　　③ 一般

④ 比较高　　⑤ 非常高

28. 您所教班级学生成绩整体如何

① 非常不好　　　② 不太好　　　③ 一般

④ 比较好　　⑤ 非常好

29. 您感受到教师的地位如何

① 非常低　　　　② 比较低　　　　③ 一般

④ 比较高　　⑤ 非常高

30. 您所教班级的学生家长配合度如何

① 非常不配合　　② 比较不配合　　③ 一般

④ 比较配合　　⑤ 非常配合

后　记

自 2019 年参与学校小学教育师范专业认证具体工作后，我就对教育情怀产生了浓厚的兴趣和很深的情感。那一年的年底到次年年初，虽然疫情肆虐，居家带娃，但这没有阻止我对教育情怀这个独特概念的思考。起初，我尝试以教育情怀为主题申报了当年的重庆市高等教育教学改革研究项目，"一不小心"以学科组第一的成绩被学校教务处推向重庆市角逐重大项目。尽管只是中了个重点项目，我还是窃喜不已，因为中不了重大项目被归因于自己当时的职称不达标。有了幸运的开始，此后以教育情怀为主题的教学和科研省级项目，我拿了个"大满贯"。这些项目有的基于课程思政视角涵养教育情怀，有的重在开发教育情怀测评系统，有的立足专业认证背景探究教育情怀指标体系，还有的关注教育情怀的形成机理，也有的聚焦教育情怀的结构模型构建。为延续自己的研究兴趣，我先后带领几批志同道合的硕士生和本科生，设计项目实施方案、推进那些项目取得进展，并顺利完成结题，最终发表了数篇教研和学术论文。正是这些项目立项、论文发表、课程建设的成果产出，使我萌生了撰写一本专门探讨新时代教师教育情怀著作的想法。

有了前期的这些成果积累，以及系统梳理整合成果的想法，不久就付诸行动。考虑到自己虽在学术上摸索有年，但比较缺乏教学管理视角的实践经验。因此，邀请了拥有 8 年一线教学管理经验的陈苗苗博士共同参与本书的撰写。我们经过多轮讨论后，最终拟定书稿的写作提纲，人员具体分工如下：前三章关于教育情怀的研究脉络、结构指标、影响因素由我负责撰写，最后一章教育情怀的培养策略由陈苗苗负责撰写。从研究构思到项目申报，再到数据采集、论文撰写，以及书稿成文，共历时五年多，这本关于新时代教师教育情怀的书稿终于付梓。此外，这本书作为学校申硕指标骨干教师达标的最后一项成果，能如期交稿让我如释重负，同时又充满期待。感觉如释重负的原因在于成书的过程中，研究团队付出了极大的努力，包括先后查阅分析了五百多万字的文献资料，走访了几十所中小学的师生，开展了多次课程教学改革的实践探索等等。对书稿充满期待是因为这个成果的主题——教育情怀是开展教育家精神研究的重要组成部分，为未来申报教学成果奖和国家级教学科研项目推进指明了方向。

当然，这本书能如期顺利完成，离不开良师益友、可爱学生、出版团队的鼎力相助。首先，特别感谢我的恩师黄希庭教授对本书选题的智力支持。黄先生得知我研究教育情怀后，每每看到与之相关的学术文献、公众号推文等都会第一时间转发给我。其次，也要感谢亦师亦友的李学容教授对本书依托项目实施的管理支持。本书所涉及的部分教育情怀成果，已经推动了学校师范专业教育教学改革的"四进"，即进"人陪"、进大纲、进教材、进课堂，实现了理论成果到教育教学实践的推广应用。本书所提的教育情怀三个指标——热爱之情、认同之感、坚守之志，已经纳入了小学教育、汉语言文学（师范）、英语（师范）等师范专业的毕业要求，以及人才培养方案、教师教育课程大纲、实习实践体系。

同样，还要感谢教育学学科带头人江净帆教授为本书出版提供的经费支持。除了上述良师益友，本书中多个具体研究能持续开展，离不开学生们的大力协助，在此感谢朱小蝶、曾一洋、严天乾、覃丹丹、李涵筱等同学在文献分析、采集数据、文字校对方面的帮助。最后，对刘华鱼编辑等上海人民出版社的工作人员在本书编校、排版、出版等事宜中的辛勤付出表示由衷的谢意。

　　回顾整个研究过程，两位作者尽管付出了日以继夜的努力，但是在新时代教师这个研究群体的取样、教育情怀影响因素的实验设计、教育情怀提升策略的实践检验等方面可能还存在某些遗憾，未来研究将秉持教育家精神，继续拓展、优化教师教育情怀相关研究的广度和深度。愿本书的每一位读者都能用自己的行动诠释新时代教师的教育情怀，热爱自己从事的教书育人事业，关心每个学生的成长和发展，为教育强国建设添砖加瓦。

2025 年 1 月于熙园

程翠萍

图书在版编目(CIP)数据

弘扬教育家精神：新时代教师教育情怀研究 / 程翠萍，陈苗苗著. -- 上海：上海人民出版社，2025.
ISBN 978 - 7 - 208 - 19432 - 8

Ⅰ. G635.12

中国国家版本馆 CIP 数据核字第 2025XJ4564 号

责任编辑 刘华鱼
封面设计 一本好书

弘扬教育家精神:新时代教师教育情怀研究
程翠萍　陈苗苗 著

出　　版　上海人民出版社
　　　　　（201101　上海市闵行区号景路 159 弄 C 座）
发　　行　上海人民出版社发行中心
印　　刷　启东市人民印刷有限公司
开　　本　890×1240　1/32
印　　张　7.5
插　　页　2
字　　数　164,000
版　　次　2025 年 4 月第 1 版
印　　次　2025 年 4 月第 1 次印刷
ISBN 978 - 7 - 208 - 19432 - 8/G · 2215
定　　价　68.00 元